ANDREA SEGRÈ

IL LABORATORIO ALBANESE

1992-1998: SETTE ANNI PERDUTI PER LO SVILUPPO AGRICOLO?

SILLOGE PER IL MINISTRO DELL'AGRICOLTURA DELLA REPUBBLICA DI ALBANIA

BESA

Impaginazione ideemultimediali
Art Director Nino Perrone

via Duca degli Abruzzi, 13/15
73048 Nardò (LE)
tel./fax (0833) 561243 - 571588
besa@mail3.clio.it

INDICE

Signor Ministro,

a conclusione del mandato di consigliere di politica agraria, incarico che come forse ricorderà – anche se allora Lei non era ancora Ministro dell'agricoltura – avevo assunto nel settembre 1996 nell'ambito di un programma di assistenza tecnica, vorrei fare alcune riflessioni sullo sviluppo agricolo albanese. Non si tratta di un bilancio di questo periodo, che pure è stato molto inteso, e che forse varrebbe la pena di fare. Più semplicemente è una testimonianza fondata su un'esperienza che conta oramai un certo numero di anni di "pratica" albanese.

Dalla mia prima missione in Albania sono infatti passati sette anni. Da allora – si era agli inizi del 1992 – ho perso il conto delle volte che ho messo piede nel Paese delle aquile, così come non saprei dire esattamente quanti Ministri dell'agricoltura si siano succeduti nell'ufficio al primo piano di Piazza Skanderbeg o quanti siano stati i programmi e gli interventi da parte della "comunità internazionale", certamente molti (alcuni dicono troppi in relazione ai risultati ottenuti). Per la verità sorprende quante cose siano potute succedere in uno spazio geografico tanto ristretto e in così poco tempo, anche se i nostri *media* se ne sono occupati a ondate o forse è meglio dire a sbarchi. Anzi è curioso notare come da noi – in Italia voglio dire – ci si occupi di Albania soltanto quando si teme che un evento interno si trasformi in un esodo di massa. Sul lato della prevenzione, forse, qualcosa non deve aver funzionato, e ciò nonostante si sia fatto veramente molto. E di seguito cercherò di spiegarLe cosa probabilmente non ha funzionato, almeno relativamente al settore agricolo.

Ovviamente Lei sa molto meglio di me come si sono svolti i fatti che leggerà di seguito. Perché li ha vissuti in prima persona; perché è stato sempre sul campo; e soprattutto perché Lei è un albanese. Le mie missioni, sebbene abbastanza numerose e continue, nonché uno sforzo di lettura interdisciplinare, mi hanno permesso di acquisire soltanto una visione parziale della "questione albanese", che invece è molto complessa. Ho studiato il *Kanun* di Lek Dukagjini (nella versione italiana curata da Patrizia Resta) per cercare di capire come si è costruita nel corso dei secoli la cultura giuridica e istituzionale dell'Albania. Ho consultato gli antropologi sociali per capire la matrice culturale, antica e solida, del popolo albanese. Ho contattato "albanologi" e "balcanologi" per conoscere la storia degli illiri e per capire la questione balcanica. Mi sono reso conto però che anche loro sono in difficoltà, navigano a vista in un mare piccolo ma insicuro perché continuamente scosso da grandi tempeste.

Ci sono poi un'infinità di elementi sfuggenti, che non si riescono a percepire. O meglio che io non sono riuscito e non riesco ancora a capire. Peraltro l'Albania è forse l'unico paese al mondo dove moltissime persone parlano o capiscono l'italiano e questo mi ha "impedito" di fare lo sforzo di apprendere la vostra lingua e quindi di entrare un po' meglio nelle "basi morali e giuridiche della società albanese". Lo dico perché considero un grande limite quello di non conoscere la lingua locale, che facilita evidentemente la comprensione culturale, in particolare quando si vuole aiutare un Paese – qualsiasi paese – a crescere.

Certamente la lettura interdisciplinare aiuta, ma è molto difficile da realizzare, anche perché i ricercatori – così come del resto tutti gli altri "operatori", dai funzionari ai volontari tanto per intenderci – tendono a lavorare separatamente. La loro iperspecializzazione li porta a non considerare, o a non (poter) vedere, il "quadro complessivo", tanto che talvolta (spesso) si propongono cose tecnicamente molto valide ma praticamente inapplicabili.

In Albania bisogna però ammettere che, anche se ciò non giustifica l'approccio monotematico, il "quadro complessivo" è molto sfuggente; al massimo se ne vede qualche parte (stavo per dire i contorni ma sarebbe già troppo).

***

In realtà signor Ministro gettando un'occhiata retrospettiva al mio lavoro in Albania mi sono accorto che gli elementi che mi inducono ora a fare queste riflessioni erano già riportati in vari articoli e monografie pubblicate a partire dal 1992. Rileggendo quei lavori, e soprattutto confrontando le conclusioni cui a suo tempo ero pervenuto, ho capito che era giunto il momento di fermarsi. Anche perché quanto è successo – e sta succedendo – nel Suo Paese si ripete come fosse una costante (ma ciò non riguardo soltanto l'Albania per la verità). Quindi l'osservazione stessa ha perso il suo significato originario, così come la curiosità che muove – o dovrebbe muovere – qualsiasi ricercatore.

Riporterò allora alcuni brani tratti da quei lavori. Non lo faccio per autocitarmi (mi creda non sono così narcisista) o per dire *ex post* "l'avevo detto e non mi avete ascoltato" (sarebbe una magra soddisfazione); ma perché così ho modo di assumermi direttamente la responsabilità di quanto scritto e anche, e direi soprattutto, per mostrare come in questo caso la breve storia dello sviluppo agricolo nell'Albania post-socialista coincida con un percorso umano, professionale e scientifico che mi ha costretto via via a riflettere su questioni importanti come lo sviluppo, le relazioni internazionali, la cooperazione. Questioni che, evidentemente, vanno non solo ben oltre al mio tradizionale campo di osservazione, quello agro-alimentare, ma anche al caso della stessa Albania.

Perciò ho intitolato questa silloge "il laboratorio albanese", anche se il riferimento al laboratorio – luogo appunto dove si lavora per fare ricerca e sperimentazione – si presta a una duplice, e contrastante, interpretazione; che voglio chiarire subito per fornirLe la chiave di lettura della mia riflessione.

L'Albania è stata per me – non me ne voglia signor Ministro – un vero e proprio laboratorio dove testare e applicare le mie pur limitate conoscenze dottrinarie di politica e sviluppo dell'agricoltura. Altre esperienze, che pure ho fatto altrove, sono risultate meno significative vuoi per la limitatezza temporale delle stesse vuoi per la dimensione geopolitica dei paesi visitati: in certe realtà, pensi alla Russia ad esempio, troppe volte un qualsiasi intervento-programma si diluisce fino ad annullarsi, praticamente per inerzia. La realtà albanese invece ha tutte le caratteristiche di un laboratorio, a partire dalle dimensioni spaziali contenute, ideali per i ricercatori –

talvolta un po' cinici e quindi alla ricerca proprio del luogo "ideale" – che si occupano di scienze sociali. Ogni avvenimento si "sente" immediatamente; ogni misura, se attuata, ha effetti praticamente subitanei ed estesi. Certamente ricorderà, signor Ministro, quando ad alcuni agricoltori intraprendenti fu suggerito di avviare la produzione sotto serra di meloni: un paio di ettari bastarono per provocare un crollo drammatico nei prezzi al consumo; lo stesso accadde con le patate novelle. Va da sé che questa "sensibilità", specialmente se estesa a tutto il sistema economico e sociale, aumenta proporzionalmente la responsabilità di chi ha operato (e opera) in Albania.

E in questo senso va letta la seconda visione – o interpretazione come scrivevo sopra – del laboratorio albanese: ovvero un luogo ideale dove applicare, per dimostrarne la validità generale, teorie e modelli economici-sociali nati e/o applicati altrove e perciò esogeni rispetto alla realtà locale. Come vedrà oltre signor Ministro, se avrà la pazienza di leggere le pagine che seguono, si tratta di atti di presunzione non solo molto dannosi per gli albanesi ma in fondo anche per la stessa "comunità internazionale" – o almeno a una sua parte: quella geograficamente più vicina – che direttamente o indirettamente ha avvallato questa visione.

Paesaggio agrario e paesaggio urbano

Sette anni, signor Ministro, sono un periodo di tempo relativamente lungo: sono sufficienti a mettere in crisi un matrimonio, possono essere il tempo necessario per finire una guerra o più semplicemente sono un periodo in cui possono succedere, accavallandosi disordinatamente e apparentemente senza un filo logico, tante cose. Come è stato appunto per l'Albania. Partirò quindi da (relativamente) lontano.

Quando misi piede per la prima volta in Albania – si era nei primi mesi del 1992 – l'impatto fu piuttosto forte, tanto che ancora oggi rimane scolpito nella mia memoria. Venivo da altre esperienze di paesi del post-socialismo reale ma è proprio in Albania, e in particolare nella sua capitale Tirana, che ho potuto notare le maggiori, e più veloci, trasformazioni. La strada fra l'aeroporto e la capitale, che ebbi modo di percorrere due volte a distanza di pochi mesi, illustra in modo emblematico le fasi iniziali di un processo di transizione molto disordinato.

La prima immagine che ebbi del paesaggio agrario albanese fu ancora prima di mettere piede al suolo, sorvolando quel tratto di pianura che va dalla costa all'aeroporto. Guardando dal finestrino poco prima dell'atterraggio rimasi colpito dalla diversità che si poteva notare rispetto alla campagna pugliese che ci eravamo appena lasciati attraversando il breve canale d'Otranto. Intendiamoci, non c'era diversità nel paesaggio "naturale", ma proprio in quello "agrario" secondo la felice definizione di Emilio Sereni: cioè nella forma che l'uomo, nel corso e ai fini delle sue attività produttive agricole, coscientemente e sistematicamente aveva impresso.

Rispetto alla dirimpettaia Puglia il "quadro" che stava sotto i miei occhi dava un senso, almeno apparente, di quiete assoluta. Non c'era traccia di strade asfaltate. Si intravedevano dei lunghi serpenti bianchi che seguivano i campi. La maggior parte di questi sembrava coltivata, ma dall'alto si vedevano ampie pozze d'acqua stagnante (si era agli inizi dell'anno). Le superfici, ampie, erano ben squadrate. Qua e là si scorgeva una casa, un carro trainato da un cavallo, una sagoma infagottata su una bicicletta, neppure una macchina. Non fui sorpreso quando il mio vicino di posto disse: "Questo paesaggio mi ricorda la campagna dell'Italia meridionale di cinquant'anni fa".

L'aereo virò e discese ancora, dolcemente. Potevo allora scorgere un agglomerato di stabilimenti rurali, forse un'azienda cooperativa, più in là probabilmente una stalla a raggiera, ma non si vedeva alcun segno di attività. Da lì si dipartiva una strada asfaltata sulla quale avanzava, lentamente, un camion o una corriera. Ai bordi della strada, in ordine sparso, stavano delle casupole con attorno dei piccoli appezzamenti di terreno lavorato. Più oltre si intravedevano le prime colline, terrazzate, con delle lunghe file di ulivi. In fondo si

intuivano le montagne, il bianco delle cime più alte si confondeva con le nuvole.
Dall'alto Tirana, che ci apparve avvolta in una nuvola di fumo ai piedi del maestoso monte Dajti, sembrava molto vicina alla "ruvida" pista sulla quale l'aereo atterrò a piccoli balzi, come nei fumetti.
"Ci vorrà oltre una mezz'ora di macchina per arrivare in città" avvertì in un discreto italiano l'autista che mi era venuto a prendere. L'interprete, in un italiano migliore, aggiunse: "La strada che porta dall'aeroporto alla città è lunga e tortuosa: il collegamento è stato disegnato in modo da rendere più difficile un eventuale attacco delle potenze nemiche dall'aeroporto". "Follie del vecchio regime", concluse con un'espressione rassegnata.
Così come mi sembravano una follia quei bunker, disseminati ovunque, anche in mezzo ai campi coltivati. "Sembrano tanti funghi", osservai in tono divertito. "Sono più di cinquecentomila, hanno dimensioni varie: per una, per due, per quattro persone, forse anche formato famiglia. Col tempo ci si abitua" rispose l'interprete fra il serio e l'ironico. Fanno ormai parte del paesaggio agrario, pensai. Chissà quanti problemi devono aver posto ai trattori con gli aratri, alle mietitrebbiatrici: quanti giri inutili, quanta terra tolta alla coltivazione, e cercavo di pensare ad una soluzione per eliminare quegli ostacoli. Certo la paura dell'invasione doveva essere proprio forte. Chiesi se era giustificata. Un'alzata di spalle fu la risposta più che significativa. [I: 41-42]

Il paesaggio era comunque straordinario. Dai finestrini della macchina si vedevano animali al pascolo: mucche, pecore, qualche cavallo.

Sembrava che ogni bestia avesse un pastore: uomo o donna, vecchio o bambino. L'interprete confermò: "Ognuno porta a spasso la sua mucca, la sua pecora, il suo cavallo". Mi colpì questo sottolineare insistente del pronome possessivo. Forse durante gli anni del regime di Enver Hoxha anche la grammatica era stata modificata, eliminando, nella follia collettivista, aggettivi e pronomi possessivi.

La nostra macchina correva veloce superando altre autovetture, corriere, camion, trattori, ma soprattutto carri trainati da cavalli, muli e buoi. Questi erano il mezzo di locomozione principale per la popolazione rurale, trasportavano di tutto - persone, attrezzi, prodotti - i carri pieni, ben accatastati, ma instabili per la precarietà di quei mezzi e per il fondo stradale perfettamente sconnesso.

Ai lati della strada si vedevano i ceppi di alberi secolari. L'interprete mi spiegò che il taglio era stato fatto l'inverno precedente dalla stessa popolazione per riscaldarsi. Lo avevo già letto sulla stampa italiana, scandalizzata per lo scempio naturalistico (ma qui avevano freddo!). Feci fermare la macchina per scattare alcune fotografie. Tirai su il bavero del mio giubbotto. Faceva ancor più freddo di quanto avessi potuto immaginare prima di partire: credevo di andare in un paese meridionale, caldo. Invece l'aria fredda dei Balcani soffiava con violenza.

Come avevo intuito osservando dall'aereo i campi erano lavorati, ma non tutti. "Le grosse pozze d'acqua sono causate dalla distruzione di gran parte degli impianti di irrigazione e di drenaggio" spiegò l'autista che pareva intendersi di agricoltura e di idraulica. Grandi superfici erano lasciate incolte, gli spazi vicino alla case avevano invece un recinto e la terra era ben lavorata. "Effetto della decollettivizzazione spontanea e della riforma agraria" disse l'interprete. Tutte le aziende cooperative erano state smantellate fisicamente, pezzo per pezzo, con grande meticolosità. Ne rimaneva soltanto il perimetro, quello appunto che avevo scorto dall'aereo. Mattoni, travi, animali, macchine, attrezzi erano stati presi dagli stessi membri dei collettivi agricoli. Ogni famiglia si era così costruita una sorta di azienda in miniatura, ben recintata in modo che nessuno potesse varcarne i confini. Nessuno poteva vantare un diritto di proprietà su quelle terre, "ma in Albania - mi spiegò l'interprete - le leggi scritte servono poco, tutti rispettano invece i Kanun, codici tramandati oralmente di generazione in generazione".

Più in là si vedeva una distesa di scheletri di ferro arrugginito che una volta - mi spiegarono - erano le serre di vetro di una delle migliori cooperative del paese. Del vetro neanche traccia, naturalmente. Poco oltre scorsi delle vigne abbandonate che un tempo dovevano poggiare su sostegni di cemento: spariti anche quelli.

> Insomma sul terreno erano rimasti i capitali "indivisibili" della cooperativa che nessuno era riuscito a portare via. Ettari ed ettari di investimenti andati in fumo. Lo stesso - mi spiegava l'autista - era accaduto per gli ulivi e per gli alberi da frutta: abbandonati perché non trasportabili. [I: 42-43]

Ci stavamo avvicinando alla città. Si capiva non tanto dalla segnaletica stradale, quanto dal paesaggio che velocemente mutava sotto i nostri occhi.

> I gruppi di baracche che via via incontravamo procedendo diventavano sempre più fitte fino a confondersi con il tessuto urbano. Erano delle lamiere messe assieme alla meglio, intorno ad un piccolo orto - un fazzoletto di terra ancora più piccolo delle micro-aziende che avevo scorto poco prima - probabilmente un ricovero per la mucca, il maiale e la pecora. "Sono sorte negli ultimi mesi - spiegò l'interprete - e continuano a sorgere così senza una regola. La gente scende dalle montagne avvicinandosi alla città, ai mercati. Occupa le aree libere, anche le terre delle aziende statali, non quelle cooperative perché queste sono già occupate. Più vicini si è alla città maggiori sono le possibilità di vendere qualcosa o trovare un lavoro qualsiasi".
> Dopo una lunga periferia, ... entrammo a Tirana. Un grande cartello segnalava che finalmente eravamo giunti nella capitale della Shqipèria, il Paese delle aquile. Il traffico aumentava ancora, quasi scomparivano i carri

> trainati da animali travolti dalle macchine, dalle corriere, dai camion che avanzavano lenti fra i passanti. La gente a piedi, appoggiata ai bordi della strada o intenta a marciare risoluta verso il centro, continuava a crescere metro dopo metro: fino a trasformarsi in una folla eterogenea e variopinta, immobile e mobile allo stesso tempo. [I: 43]

Più ci si avvicinava al centro più la circolazione si faceva caotica, come in ogni città del mondo si potrebbe pensare. Ma qui si notava qualcosa di molto particolare.

> Le macchine, che una volta erano privilegio soltanto della nomenklatura - mi dissero che in tutto il paese fino a qualche mese prima se ne contavano poche migliaia - invadevano le vie pur spaziose, eredità immodificabile della concezione prima fascista e poi staliniana della viabilità urbana.
> Numericamente le automobili erano ancora poche, ma sembravano moltissime perché concentrate e rumorose. Tutti i guidatori, senza eccezione alcuna, suonavano il clacson. Mi spiegarono che questo suono - ripetuto almeno un paio di volte: un bi-bip continuo - serviva per dare un doppio avvertimento. Ai passanti perché si scansassero, a tutti gli altri perché sapessero che dentro alla vettura c'era un autista molto orgoglioso del suo "nuovo" mezzo meccanico.
> Ma era meglio così dato che la circolazione non sembrava molto sicura, in fondo gli albanesi guidavano sol-

tanto da poco. L'autista confessò candidamente: "Ho la patente da tre mesi", e si considerava un veterano. "Prima guidavo una motocicletta", mi disse col tono soddisfatto di chi ha raddoppiato il numero di ruote sotto il sedere. Non fui sorpreso: i suoi sorpassi erano di uno che ha ancora l'occhio (e le misure) del motociclista: certi rifili impressionanti, sia alle altre macchine che ai pedoni.

Il pedone appunto - e se ne vedevano tanti - era considerato un essere inferiore: chi ha il mezzo meccanico è il più forte. In tutti i sensi: è il padrone della strada, ed è lì a dimostrarlo, ma è anche il padrone dell'economia perché se ha la macchina significa che ha avuto i mezzi per acquistarla. Il nostro autista - che evidentemente faceva parte di questa categoria - mi spiegò che le automobili venivano tutte dall'Europa. Si trattava di auto di seconda mano, prevalentemente italiane sia come marca che come origine. Ma c'erano anche macchine francesi e persino giapponesi. Quasi tutte erano dei rottami da sfasciacarrozze, molte mantenevano anche parte della targa estera, di solito la sigla della provincia di origine. Come se quel segno di provenienza fosse anche un ulteriore simbolo di distinzione.

Non avendo visto alcuna stazione di servizio chiesi come si regolavano per il rifornimento di benzina. Sentivo ancora l'odore dei miei spostamenti in Russia con quella puzza nauseante proveniente dalle taniche di carburante poste nel bagagliaio o adagiate nei sedili posteriori dell'auto. Il nostro autista fece cenno di aspettare e dopo qualche minuto mi indicò un "distributore". Vidi una sorta di costruzione che sembrava una prigione fortificata: attorno alla pompa era stata costruita una griglia di ferro al cui interno, ben protetto, stava il benzinaio. Una lunga fila disordinata di macchine, camion, corriere attendeva di avvicinarsi alle grate. Capii che la benzina era un bene prezioso, molto prezioso. [I: 43-44]

Il centro di Tirana esprimeva tutte le contraddizioni di quel periodo. E si poteva intuire che le fasi caotiche di quell'iniziale processo di transizione avrebbero certamente condizionato anche il periodo successivo.

Entrammo nel centro di Tirana, da una parte la piazza Skanderbeg con i monumenti socialisti - l'opera, il museo storico nazionale, l'hotel Tirana - dall'altra il viale che porta all'Università con ancora i segni dell'edilizia fascista, quella che forse meglio aveva resistito all'usura del tempo. I palazzi "moderni" sembravano infatti già decaduti, forse a causa dei materiali scadenti, più probabilmente per la totale assenza di manutenzione. In effetti nell'edilizia socialista - e ciò è appunto comune in tutti i paesi dell'Est - è proprio la manutenzione che manca: la costruzione nasce vecchia, decade rapidamente e delle parti comuni nessuno se ne cura. Qua e là sorgevano dei chioschi, veramente delle piccole baracche di lamiera dove si vendeva di tutto: dalle caramelle alle lattine, dalle sigarette alle candele.

> Soprattutto c'erano delle candele: oggetti preziosi dato che, come scoprii più tardi, spesso mancava l'energia elettrica. Ciononostante dai balconi fatiscenti delle palazzine popolari spuntavano timidamente alcune antenne paraboliche: dei gran padelloni bianchi orientati verso il cielo. Chiesi spiegazioni: autista e interprete erano d'accordo che per gli albanesi, dopo la macchina, la televisione era lo status symbol più importante. Si captavano benissimo i canali italiani, un tempo oscurati dal regime anche se ugualmente visti, ora vettori "ufficiali" di immagini del benessere occidentale. [I: 44]

Poco tempo dopo, a prova della velocità con cui si era manifestata la transizione (sebbene questo termine di per sé significhi poco: tutti, quindi anche i paesi o i sistemi economici, transitano verso qualcosa), il quadro appena descritto era già radicalmente cambiato.

> Qualche mese dopo, percorrendo la stessa strada dall'aeroporto alla città, trovai un paesaggio molto cambiato. Tutti i soggetti principali di quel "quadro" erano ingranditi, come se il vetro della macchina fosse diventato una lente. Il numero delle microaziende era molto cresciuto, ma era diminuita parallelamente la loro superficie coltivabile: se prima una di esse bastava a sfamare, in media, quattro persone ore ne nutriva due solamente. La bidonville attorno alla capitale aveva continuato ad ingrossarsi alimentata dal continuo esodo della popolazione che ora lasciava non sono le

> zone marginali di montagna e di collina ma anche quelle di pianura troppo lontane da paesi e città. Il numero di proprietari di autovetture sembrava aumentato proporzionalmente al traffico e agli incidenti stradali, mentre la rete viaria era rimasta sempre quella di prima, soltanto molto più deteriorata. Il contrasto fra trasporto animale e meccanico assumeva un rilievo enorme e paradossale: muli e buoi sottratti ai campi e macchine di grossa cilindrata sottratte a qualche proprietario italiano o greco. I chioschi commerciali e le antenne paraboliche erano spuntati come funghi dopo una pioggia estiva torrenziale, nuovi simboli del capitalismo emergente, della frenesia del consumo, dell'eccitazione alla competizione, dell'ansietà per il successo: esattamente come da noi ma senza di noi. Soltanto i bunker erano rimasti allo stesso posto, immobili, e chissà per quanto tempo ancora memoria storica di un'altra follia umana. [I: 44-45]

Queste dunque, signor Ministro, erano le miei prime impressioni di viaggio. Da allora tuttavia la situazione non è molto migliorata. Ciò che colpisce ancora oggi è l'abbandono pressoché totale delle strutture e infrastrutture, sia nelle aree rurali che in quelle urbane. In queste ultime in particolare il degrado è ancora più evidente. A Tirana, ad esempio, le buche che si trovano sui marciapiedi e per le strade non sono mai state riempite. Ormai le conosco una ad una. Da una visita all'altra noto se sono ingrandite, quanto pattume vi è entrato, chiedo se hanno inghiottito qualche cristiano o se qualcuno ha semplicemente perso una gamba. Il grande cratere posto nel punto più centrale della città (proprio dietro al teatro nazionale), dove doveva sorgere un hotel frutto degli investimenti nella prima finanziaria piramidale, è diventato un enorme discarica a cielo aperto con annesso un laghetto di acqua stagnante.

Tutto ciò, si potrebbe obiettare, apparentemente non ha molto a che fare con l'agricoltura. Ma in realtà, signor Ministro, è difficile capire come mai in tutto questo tempo si sia fatto così poco, o nulla come in questo caso, per migliorare una condizione di degrado che è (sempre stata) sotto gli occhi di tutti. Insomma è lo specchio, si fa per dire, della realtà albanese.

Oltre a livello di "paesaggio" le prime fasi del processo di transizione hanno avuto un impatto di grande portata anche a livello macro-economico e settoriale, come sicuramente ricorderà signor Ministro. Sebbene sia noto quanto poco affidabili potevano essere le statistiche di quel periodo – in passato sicuramente incomplete e forse manipolate, allora probabilmente solo molto confuse – il quadro economico-statistico che caratterizzava quel periodo era più o meno il seguente.

> Nel 1991, che ha visto fuggire decine di migliaia di albanesi in Italia e in Grecia, la produzione è diminuita in termini reali del 30%; l'inflazione, in un primo tempo frenata dai prezzi bloccati, è cresciuta in misura incontrollata; il deficit di bilancio è arrivato al 45% del prodotto nazionale lordo (PNL); le esportazioni si sono bloccate; il debito estero è aumentato considerevolmente; il problema della disoccupazione si è fatto via via più grave. Per il 1992 si è stimato un ulteriore calo del 23% della produzione; nel primo semestre il deficit di bilancio ha superato la metà del PNL; l'inflazione su base annua si è portata a tre cifre; la disoccupazione ha colpito il 50% della popolazione urbana.
>
> Rispetto all'anno precedente, nel 1991 il valore della produzione del settore agricolo - di gran lunga il più importante in termini di occupazione (47,3% degli

> attivi) e di contributo al PNL (39,6%) - ha fatto registrare un calo del 24%. Le stime ufficiali per il 1992 contano su una leggera ripresa rispetto all'anno precedente - anche se il valore della produzione agricola rimane ancora ben al di sotto dei livelli raggiunti nelle annate precedenti - grazie soprattutto ai discreti risultati del comparto zootecnico.
> ... L'agricoltura albanese, in particolare nell'interregno politico fra il luglio 1991 e il marzo del 1992, ma anche successivamente all'insediamento del nuovo esecutivo, ... è stata influenzata negativamente dalla mancanza di mezzi tecnici prodotti in loco e di valuta per acquistarli all'estero, dall'impossibilità di introdurre meccanismi alternativi di distribuzione e di allocazione delle risorse al posto del collassato sistema di pianificazione centralizzata, dai problemi sorti con l'attuazione della riforma agraria, vale a dire smantellando delle cooperative a favore di quasi 380 mila famiglie contadine.
> La confusione sociale ed economica che ne è seguita ha portato rapidamente ad un drammatico deterioramento delle condizioni di vita della popolazione ... che soltanto un massiccio programma di aiuti alimentari ha potuto parzialmente alleviare. [II: 151-153]

Degli aiuti in generale parlerò dopo signor Ministro: si tratta infatti di una questione, specialmente se collegata ai programmi di cooperazione, che ha influenzato profondamente lo sviluppo (non solo) economico-agricolo albanese. Ora vale la pena ricordare come è avvenuta in Albania la de-collettivizzazione agricola, anche perché essa si è concretizzata in un modo totalmente diverso rispetto a tutti gli altri paesi Est-europei.

Fino alla fine del marzo 1991, cioè poco prima delle elezioni politiche, la gestione dello Stato era rimasta nelle mani del vecchio apparato burocratico, rappresentato in agricoltura dai direttori delle aziende statali e collettive. A questi ultimi, secondo quanto riferiscono fonti albanesi - peraltro confermate da alcuni osservatori occidentali che operano nel paese - si attribuiva la maggior responsabilità dell'opera di distruzione e sabotaggio del sistema. Avendo capito che di lì a poco avrebbero perso il controllo del potere, in ossequio alla politica del "tanto peggio, tanto meglio", parte della nomenclatura cercava in questo modo di far ricadere le colpe dei danni ai nuovi democratici per dimostrare la loro inefficienza nella gestione della cosa pubblica.
Lo de-collettivizzazione spontanea del sistema cooperativo è iniziata dopo le elezioni. Già nel mese di aprile i membri delle cooperative agricole si erano suddivisi le terre e gli animali, mentre fra giugno e settembre è avvenuto lo smantellamento fisico delle stalle, delle serre e delle altre strutture appartenenti alle cooperative. Con i materiali ricavati (mattoni, travi, attrezzature varie, ecc.) le famiglie contadine costruivano le proprie case iniziando attorno ad esse la coltivazione di micro-appezzamenti. Naturalmente ciò avveniva senza seguire un piano di distribuzione territoriale degli insedia-

> menti urbani ed agricoli e soprattutto, nelle zone irrigue, con la parziale distruzione degli impianti di irrigazione deviati nelle nuove strutture produttive.
> Comunque va detto che fra l'aprile e il settembre del 1991,.anche se prevalentemente per l'autoconsumo, le famiglie contadine sono state le uniche imprese albanesi a produrre: le aziende agricole statali e in particolare le industrie agro-alimentari avevano infatti interrotto la produzione quasi completamente, rendendo la crisi alimentare del paese alquanto drammatica. [VI: 277-278]

Ricordo che quello smantellamento fisico era stato condotto con grande sistematicità cancellando in un lampo tutti i problemi che avevo osservato negli altri processi di de-collettivizzazione nell'Est-europeo e anche nell'ex Unione Sovietica (suddivisione dei capitali fissi e mobili, riorganizzazione del collettivo e del lavoro, distribuzione della terra, e così via).

Governo e Parlamento di allora cercarono di regolamentare in qualche modo quella sorta di "auto-de-collettivizzazione spontanea" e repentina.

> Il quadro normativo fu approntato velocemente, in un ambiente politico estremamente mutevole, codificando da un lato quanto già era avvenuto e dall'altro fornendo solo indicazioni frammentarie su cosa le nuove strutture produttive avrebbero dovuto o potuto fare. [III: 58]

Forse non si poteva fare diversamente. Tuttavia già allora erano abbastanza evidenti i principali problemi posti dall'esecuzione della riforma agraria e in particolare dalla legalità della transizione dalla gestione collettiva a quella individuale.

> Sembra evidente che il passaggio da un'agricoltura organizzata in poche grandi aziende e gestita dal centro ad una miriade di micro-aziende condotte individualmente dalle famiglie contadine comporti una rivoluzione di carattere strutturale e organizzativo. Si pensi ad esempio nella gestione delle acque irrigue cosa può significare il passaggio da 500 "grandi" utenti ad un numero 100-1.000 volte maggiore di micro-utilizzatori, nella maggior parte dei casi privi di cognizioni idrauliche. Oppure al controllo veterinario del patrimonio zootecnico, prima concentrato in pochi grandi complessi da migliaia di capi e quindi facilmente controllabile, ora disperso in una miriade di allevamenti con uno-due capi. Oppure ancora ai servizi agricoli come la meccanizzazione, prima organizzata in stazioni che concentravano gran parte delle macchine e attrezzature agricole, ora disperse fra migliaia di trattoristi, trasportatori, ecc. [IV: 59-60]

In altre parole si delineavano chiaramente le questioni da dirimere e la necessità di scegliere fra una serie di strumenti di politica agraria adatti. Si doveva completare la distribuzione delle terre nelle ex aziende cooperative e iniziare quella nelle aziende statali; c'era da distinguere fra i diritti di proprietà e quelli d'uso, ma bisognava risolvere anche il problema dell'indennizzo agli ex proprietari che rivendicavano i terreni espropriati alla fine degli anni 40; si doveva poi procedere alla costituzione di un nuovo catasto terreni; era d'altra parte già evidente che la polverizzazione e la frammentazione fondiaria dovevano in qualche modo essere frenate; si dovevano poi assegnare i capitali diversi dalla terra, ma anche i servizi agricoli e alimentari dovevano essere prontamente riorganizzati. Insomma i problemi da risolvere e gli strumenti possibili da adottare erano molteplici.

Fra le questioni importanti da affrontare vi era anche quella dei controlli igienico-sanitari e delle attività allegate, per la verità ancora molto attuale e purtroppo tuttora irrisolta.

> Fra i problemi posti dalla destrutturazione del settore agricolo rientrano alcuni servizi in passato favoriti dall'organizzazione produttiva centralizzata ... ad esempio il servizio veterinario che presiede alla profilassi nei luoghi di produzione (allevamenti) ed al controllo igenico-sanitario nella trasformazione (macelli, salumifici) e nei mercati (consumo).
> Per rimanere solo nell'ambito dell'allevamento, il fatto che il patrimonio zootecnico sia disperso fra migliaia di piccoli produttori crea una serie di problemi oltre che di natura logistica (i veterinari si devono spostare da un'azienda all'altra) anche di informazione (il controllo territoriale è molto più difficile) e di formazione (la maggior parte dei piccoli produttori non ha competenze specifiche). Inoltre nelle aree delle ex-cooperative si pone il problema del pagamento del servizio in quanto i veterinari non sono più alle dipendenze delle strutture collettive.

Il problema dei controlli veterinari nella fase di produzione ha anche risvolti economici di un certo rilievo se considerati a livello nazionale e non soltanto a livello di singolo produttore. Si stima infatti che nel 1992 la mancata produzione animale dovuta a problemi di carattere veterinario sia stata pari al 10% del patrimonio zootecnico albanese; se quest'ultimo viene valutato attorno ai 800-1.000 milioni di dollari, la perdita sarebbe pari a circa 80-100 milioni di dollari. ...
I controlli igienico-sanitari in campo zootecnico e veterinario sono naturalmente solo una parte del vasto capitolo della repressione delle frodi in materia di produzione e commercio di prodotti agro-industriali e della tutela del consumatore, normalmente affrontati dallo Stato con una duplice strategia: con controlli amministrativi sulle attività produttive e sui prodotti, con norme a carattere penale per reprimere le frodi in commercio. [II: 167-168]

Perché signor Ministro i problemi igienico-sanitari hanno avuto un impatto non solo sugli insufficienti standard sanitari e qualitativi dei prodotti offerti a livello di consumatori locali, ma si sono anche scontrati con la stretta regolamentazione comunitaria agendo in pratica da barriera non tariffaria. È vero che l'Albania ha iniziato a lavorare ponendosi come obiettivo la cosiddetta "approssimazione" legislativa. Ma in realtà non è tanto di allineare la legislazione, che peraltro è un corpus in continua evoluzione – negli uffici della

DG-VI a Bruxelles l'"angelo blu" è ormai una biblioteca –, e quindi necessita di un continuo aggiornamento, quanto di istituire degli organismi che poi controllino effettivamente l'applicazione delle leggi. Insomma operazioni non facili, di lungo periodo e che richiedono notevoli investimenti sia in termini di strutture che di risorse umane.

Forme di esodo e "modelli" di cooperazione allo sviluppo

Già allora, tuttavia, prendeva consistenza un fenomeno inizialmente – e anche successivamente – sottovalutato: la migrazione campagna-città (e il relativo contributo all'emigrazione verso i paesi occidentali).

> La migrazione dalle aree rurali avrà considerevoli implicazioni nel prossimo futuro. ... Nelle zone di collina e di montagna, che peraltro costituiscono la maggior parte del territorio albanese, la quota-terra assegnata è piuttosto bassa: 200-300 metri quadrati per persona. Secondo stime effettuate dalla Caritas, nelle condizioni attuali questa superficie sarebbe in grado di fornire alle famiglie contadine un'autosufficienza alimentare compresa fra uno a tre mesi. In questo stato si troverebbero 80 comuni albanesi per un totale di circa 500.000 abitanti, cioè quasi un sesto della popolazione albanese.
> Ciò lascia intendere che in queste aree l'emergenza è condizione costante e che le popolazioni di questi luoghi potranno continuare a sopravvivere solo grazie agli aiuti diretti forniti dalla stessa Caritas, dall'operazione "Pellicano", dalle Organizzazioni internazionali. A questo proposito vale la pena ricordare che numerosi insediamenti che non sembrano trovare giustificazioni nelle condizioni naturali dei luoghi sono in realtà una sorta di

> confino "naturale" dove il regime esiliava i delinquenti. La precarietà delle condizioni di vita fanno ritencre che, mutate le condizioni politiche del paese, nel momento in cui cesseranno gli aiuti, queste zone potranno essere soggette ad intensi fenomeni di esodo verso le pianure e le aree urbane. Sembra quindi probabile che in futuro una parte dei quasi tremila villaggi albanesi sia destinata a scomparire, cominciando dalle aree montagnose. L'esodo d'altra parte è già cominciato. Attorno a Tirana, la capitale, in pochi mesi si sono stabilite 30-40.000 famiglie provenienti dalle aree più povere del paese. Ognuna di queste famiglie ha occupato abusivamente un'area costruendovi con mezzi di fortuna la propria abitazione. [VIII: 33]

I fenomeni di esodo, in effetti, avevano molti collegamenti con la riforma agraria in corso, con il nascente processo di sviluppo agricolo e naturalmente con gli interventi (nazionali e internazionali) programmati nel settore agricolo.

> Fra le questioni sollevate quella di maggiore rilievo ... riguarda l'esodo agricolo e rurale verso le aree urbane. La difficoltà o addirittura l'impossibilità di invertire il flusso di urbanizzazione, o perlomeno di rallentare in modo apprezzabile la crescita demografica urbana, sta ponendo e porrà in futuro una serie di problemi (sovraffollamento, condizioni di vita antigieniche, conflitti sociali, inquinamento ambientale, ecc.) dei quali, al momento, le stesse Organizzazioni internazionali che

> operano nel paese nell'ambito degli interventi programmati non hanno tenuto conto.
> Introduzione di nuove tecnologie, disponibilità di capitali aggiuntivi e maggiore preparazione professionale dei lavoratori porteranno, col tempo, a dei miglioramenti in termini di produttività della terra, del lavoro e del capitale, e alla necessità di ampliare la maglia aziendale e di ridurre la manodopera. Si noti che la dimensione aziendale media è pari a poco più di un ettaro di superficie coltivabile e che gli "attivi" agricoli rappresentano il 60-70% della popolazione totale in grado di lavorare.
> Se per l'Albania questi non sono problemi da affrontare nel breve periodo (non esiste ancora un vero e proprio mercato fondiario, l'affitto della terra non è stato regolamentato, il credito fondiario ed agrario è più teorico che pratico, ecc.), è probabile tuttavia che essi si pongano nel periodo medio e lungo e pertanto bisogna tenerne conto .[VII: 62]

In effetti, signor Ministro, nelle economie in sviluppo l'esodo agricolo è un fenomeno fisiologico inevitabile ma auspicabile solo nella misura in cui esistano altri settori capaci di occupare la manodopera fuoriuscita dall'agricoltura. Il che non era – e non è ancora come vedremo dopo – per l'Albania.

Ma allora il collegamento importante doveva essere visto anche rispetto agli interventi di cooperazione internazionale finalizzati a promuovere, appunto, lo sviluppo agricolo.

D'altra parte nelle aree del Paese dove al contrario gli interventi di cooperazione sono modesti o nulli (zone marginali collinose e montagnose) si potrebbe assistere, e in parte ciò già accade, a fenomeni di esodo collinare e montano o, più precisamente, di abbandono. Si tratta di fenomeni che non sono soltanto circoscritti alle zone montane più alte e più povere e che possono creare grosse preoccupazioni pratiche e politiche. Si pensi ad esempio alle bidonvilles che sono sorte attorno alla capitale e in generale vicino alle città più importanti, ai problemi di degrado urbano causati dall'inurbamento, agli aspetti negativi per l'assetto idrogeologico e il degrado ambientale provocati dalla non conservazione di boschi e pascoli nelle aree abbandonate. Inoltre, l'inutilizzazione di certe aree marginali dove sono presenti ancora pascoli o prati naturali, in realtà si profila come sperpero di una risorsa naturale e quindi come una perdita economica il cui verificarsi appare non solo fatto economicamente negativo, ma, attualmente, anche grave poiché coincidente con una bilancia commerciale agricola fortemente deficitaria soprattutto a causa della notevole entità di importazioni zootecniche e cioè di prodotti che potrebbero essere conseguiti utilizzando quella produzione spontanea. [VII: 63]

Vale la pena notare che i problemi legati alla difficile situazione nelle aree marginali potrebbero aver creato delle condizioni particolarmente favorevoli – ma lo vedremo meglio oltre signor Ministro – allo sviluppo delle colture illegali; del resto nel mondo esistono molti esempi del legame fra povertà nelle aree marginali e sviluppo di colture illegali: oppio, coca e canapa indiana. Il riferimento è appunto alla canapa indiana, sebbene allora il fenomeno non sembrava ancora molto diffuso oppure se ne sapeva molto poco.

> Tutto ciò non significa che sarebbe opportuno limitare le risorse destinate allo sviluppo agricolo delle aree fertili di pianura irrigua, anzi gli interventi vanno incoraggiati e soprattutto seguiti, ma anche tenendo presente l'opportunità, naturalmente nei limiti delle risorse disponibili, di localizzare alcuni programmi "tampone" nelle aree marginali della collina e della montagna. [VII: 63]

In quel tempo dunque si potevano seguire diversi percorsi, alternativi o complementari rispetto a quelli che sono stati poi i principali progetti di sviluppo e assistenza tecnica proposti e successivamente finanziati dalla istituzioni governative nell'ambito della cooperazione bilaterale e multilaterale.

> Il controllo e il contenimento di questi flussi migratori interni richiede anche interventi sul territorio a tutela e valorizzazione del patrimonio ambientale e delle risorse naturali ed umane locali, individuando i principali elementi trainanti per una ripresa socio-economica territoriale e nazionale. Si tratta in concreto di creare nuove opportunità di occupazione e di reddito nelle aree rurali ed in particolare nelle zone di collina e di montagna, favorendo lo sviluppo di piccole unità di

> produzione e di trasformazione, nonché di servizi legati ed integrati nell'ambiente. Un'analisi dettagliata delle potenziali risorse ambientali appare condizione preliminare alla definizione degli investimenti necessari ad una ripresa economica eco-compatibile.
> Dal punto di vista operativo i campi più interessanti appaiono essere quelli collegati allo sviluppo delle attività che meglio si adattano all'utilizzazione delle risorse nelle aree più svantaggiate di quel paese. Si tratta dell'allevamento e della trasformazione dei prodotti zootecnici, in particolare l'utilizzazione degli ovi-caprini che costituiscono una parte importante del patrimonio zootecnico albanese, la concessione di crediti su piccola scala per gli abitanti dei villaggi per lo sviluppo di micro-imprese rurali, il riordino della gestione razionale delle piante naturali officinali, della valorizzazione della pesca nelle acque interne e della promozione di uno sfruttamento turistico laddove si rilevino le migliori condizioni. [X: 22]

In altre parole, signor Ministro, già allora appariva abbastanza evidente che bisognava essere molto cauti sui "modelli" di sviluppo agricolo da adottare in Albania, così come sarebbe stato prudente valutare i "consigli" che venivano dati dai funzionari-consiglieri-tecnici delle principali istituzioni di cooperazione internazionale.

> Qualsiasi intervento non deve risultare comunque avulso dalla "realtà", nell'accezione più ampia di questo termine generale, in cui si sta operando: né in Albania né altrove.

Sulla necessità di adottare nuove forme di cooperazione allo sviluppo sembra esserci un accordo comune, in primis da parte delle Nazioni Unite: fra queste l'allargamento dei flussi dell'assistenza ufficiale allo sviluppo (investimenti privati, lavoro, commercio, finanza) e la liberalizzazione del commercio dei prodotti agricoli. In realtà, però, quando gli "economisti in visita" operano "sul campo" per consigliare gli interventi di cooperazione allo sviluppo spesso falliscono nel loro compito proprio perché non conoscono sufficientemente la realtà locale e propongono delle soluzioni che all'atto pratico risultano inapplicabili. Nei paesi in transizione dal piano al mercato le politiche e le istituzioni ereditate dalla passata organizzazione economico-sociale non sono state ancora rigettate completamente dalla società civile, né sembra ragionevole pensare di trasformare totalmente un sistema, che si è via via consolidato in vari decenni, nell'arco di pochi mesi.
Così non ha senso, fra gli innumerevoli esempi citabili, che gli "esperti" di un'importante Agenzia internazionale suggeriscano una "riforma" della riforma agraria senza tenere conto che nelle aree rurali, in particolare nelle zone interne e montagnose, è ancora in vigore "La legge della Montagna" (Kanun) - un diritto consuetudinario tramandato a memoria d'uomo e profondamente radicato nelle coscienze tanto da essere in molti casi ancora pienamente rispettato - che rende vana l'applicazione di qualsivoglia misura legislativa imposta dall'"alto". Cosa puntualmente avvenuta.

Oppure che altri "esperti", inviati da un'altra Agenzia internazionale, suggeriscano al Governo albanese di ricostituire delle cooperative agricole quando il solo termine "cooperativa" suscita un comprensibile senso di disagio nei neo-coltivaori individuali appena affrancati dalla collettivizzazione.
In questo quadro, generalizzando, ogni intervento dovrebbe essere necessariamente fondato su un metodo di studio preliminare che tenga conto dell'influenza delle tradizioni e della storia su un dato modo di produrre e di allocare le risorse e di distribuire il reddito fra i fattori della produzione: così diventano componenti di primaria importanza oltre agli aspetti economici, l'ambiente geografico, le istituzioni politiche, la cultura come espressione di civiltà e la storia della società. [IX: 109-110]

Come sa, signor Ministro, così invece non è stato. Tanto che, pur se molto ingenti, le somme stanziate – per l'agricoltura fra il 1991 e la fine del 1997 queste erano pari a 355 milioni di dollari, 81% dei quali effettivamente sborsati – si sono rilevate insufficienti o comunque incapaci di innescare un reale processo di sviluppo (di questo tema però discuterò oltre). Anzi in alcuni casi gli aiuti internazionali, invece di sviluppare l'imprenditorialità, sembrano aver favorito un'accumulazione illecita da entrambe le parti (donatore e ricevente).

Anche l'Italia, spiace rilevarlo, nella sua veste di maggiore *donor*, pur fra le molte cose positive fatte non si è sottratta a questo "fenomeno", che comunque – come ampiamente dimostrato – è molto diffuso (verrebbe da dire che si tratta di una regola e non di un'eccezione, anche se ciò non lo giustifica).

A partire dal 1989 i cambiamenti politici avvenuti nei Paesi dell'Europa centro-orientale hanno ridisegnato anche le priorità geografiche della cooperazione italiana identificando una nuova area di intervento, denominata appunto "Europa centro-orientale". L'Albania è stata inclusa in questa area fra i paesi a "condizione speciale". Nel corso del 1991, gli eventi politici, e le conseguenze economiche e sociali, che hanno colpito il paese, hanno fatto sì che l'Albania venisse qualificata quale "destinataria di prima priorità". La componente più importante dell'impegno italiano è stata dunque posta in essere nel 1991 (seguendo l'articolo 11 della legge n. 49/1987, interventi straordinari) impegnando oltre 113 miliardi di lire, di cui oltre 16 sono stati impegnati nello stesso anno.
Nel corso del 1992 si è verificato un certo rallentamento dello stato di emergenza tanto che in sede di Commissione Mista (Roma, novembre 1992) l'Italia e l'Albania hanno modificato l'indirizzo dell'attività di

cooperazione italiana per gli anni 1993 e 1994 puntando alla riabilitazione delle infrastrutture (programma di rafforzamento dei porti ed edilizio, unità industriale per la produzione di alimenti per la prima infanzia ed altri) e la riorganizzazione dei servizi sociali, in particolare gli ospedali. Inoltre sono stati concordati aiuti umanitari nel settore scolastico, affidati al Consiglio d'Europa cui è stato destinato un finanziamento di 600 milioni di lire ed un programma per l'alleviamento della povertà rurale, affidato alla Banca Mondiale con l'assegnazione di un contributo di 4 miliardi di lire. L'accordo prevedeva un impegno complessivo di 218 miliardi di lire, dei quali solo 20 destinati agli interventi straordinari.

Il fine principale di tali scelte operative rispetto al sussidio alimentare era evidentemente finalizzato alla creazione di occupazione in modo da allentare la pressione migratoria verso l'Italia. In realtà, probabilmente anche in conseguenza della notevole riduzione degli stanziamenti in sede di manovra finanziaria, al Fondo speciale per la cooperazione allo sviluppo e al Fondo Rotativo, l'apporto destinato all'Albania, ivi compreso quello per il 1991, al 31 dicembre 1994 era ben inferiore rispetto agli impegni presi. Di fatto gli interventi ordinari destinati al ripristino delle infrastrutture produttive e sanitarie non hanno avuto luogo.

La Corte dei conti ha effettuato una serie di controlli sulla gestione di quattro iniziative attuate (tra febbraio e il settembre 1991) a dono, sul canale bilaterale, con il

> riconoscimento del carattere di straordinarietà. Le quattro iniziative (per un totale di 133 miliardi di lire) sono le principali fra quelle comprese nell'intervento volto alla provvista di generi alimentari e di prima necessità approntato dalla Direzione generale per la cooperazione allo sviluppo del Ministero degli affari esteri nell'anno 1991. Tale intervento è stato oggetto sia di reiterate censure e riserve da parte della Corte dei conti, che ha formulato numerosi rilievi, sia di indagini della Procura della Repubblica presso il Tribunale di Roma, che ha avviato un'inchiesta giudiziaria. [XI: 271-272]

Oltre all'inchiesta giudiziaria che peraltro, forse lo ricorderà signor Ministro, ha coinvolto anche alcuni governanti albanesi dell'epoca – dicendo così sembra di riferirsi ad un avvenimento remoto invece sono passati pochissimi anni – si sono riscontrati però anche altri problemi.

> A parte le censure formali operate dalla Corte dei conti - che ruotano attorno a due aspetti comuni a tutti i decreti approvati dei contratti stipulati con le ditte fornitrici: l'istituzione di una Commissione incaricata della valutazione tecnico-economica delle offerte presentate e il ricorso alla Società generale di sorveglianza per lo svolgimento dei controlli quanti-qualitativi sulle merci in partenza e in arrivo, atti entrambi non previsti dalla legge - i problemi principali si sono riscontrati nella verifica degli arrivi e nella distribuzione e nell'impiego degli aiuti italiani.

La movimentazione delle derrate non è stata effettuata esclusivamente dalle Forze Armate Italiane (intervento "Pellicano"), in quanto gran parte delle stesse è stata trasportata direttamente dagli albanesi. Mentre le Forze Italiane avevano le ricevute dei vari depositi presso i quali erano state trasportate le derrate, da parte albanese mancava qualsiasi tipo di documentazione. Vi sono state poi una serie di contestazioni da parte dei fornitori per furti e sottrazioni avvenute nell'ambito portuale, prima di sconosciuti e poi certificati dalla stessa controparte albanese. In sostanza vi è stata un'equivoca moltiplicazione degli enti riceventi. Inoltre, secondo i criteri stabiliti dagli albanesi ogni famiglia doveva ricevere una certa quantità di derrate. Tuttavia l'assegnazione per nucleo famigliare era indipendente dalla composizione dello stesso: criterio evidentemente ingiustificato, discriminatorio e fonte di abusi (tanto che si è parlato di vendita sottobanco dei prodotti e di vendita a prezzo di mercato nero).
La prima parte degli aiuti in Albania (pari a 10 miliardi di lire) è stata distribuita gratuitamente alla popolazione, la parte rimanente - peraltro quella più consistente - è stata posta in vendita. Il ricavato doveva essere versato su un unico conto corrente presso la Banca Centrale Albanese. In realtà, siccome mancava un puntuale riferimento nel Memorandum d'intesa per ciò che attiene ai possibili ricavi delle vendite di beni forniti dall'Italia, di fatto non si è capito chi fossero le persone incaricate di tali vendite, per i criteri eseguiti per

fissare i prezzi e soprattutto come sono stati usati i fondi di contropartita per creare una valida ricaduta in favore delle popolazioni.
Come ha avuto modo di rilevare la Corte dei conti, la Cooperazione italiana, pur avendo profuso un consistente numero di miliardi, ha sottovalutato la fase dei controlli sugli aiuti sia alla partenza dall'Italia, delegandoli a società esterne al Ministero degli affari esteri, sia all'arrivo, dove non c'è stata vigilanza sul corretto operato a livello locale. Di fatto, la movimentazione di 150 mila tonnellate di derrate varie, seppure massiccia, è stata un sussidio contenuto rispetto alla vastità dei bisogni sia sociali che strutturali. Infine, alla popolazione non è stato reso sufficientemente noto l'apporto dell'Italia dato al paese. Se si è vista la presenza di autocolonne e di elicotteri anche nei luoghi più impervi - chi scrive è stato testimone a una missione in un villaggio di montagna isolato nel distretto di Tropoje nel nord del paese - scarsa è stata la circolazione delle informazioni e sulle derrate non risultava la provenienza italiana. [XI: 272-273]

Di tutti i programmi attuati uno in particolare, per l'entità dello stanziamento e per l'enfasi posta, merita qualche rilievo. Si tratta del progetto di riabilitazione irrigua finanziato dalla Banca mondiale e da altri paesi donatori fra i quali l'Italia. Come certamente saprà signor Ministro, questo progetto da solo ha assorbito oltre un terzo della pur elevata spesa totale in progetti di sviluppo agricolo finanziati in Albania dalla comunità internazionale. Non è poco, soprattutto considerando che i risultati ottenuti sono stati ben al di sotto delle aspettative, che erano molto ambiziose.

Ciò che va messo in discussione non è tanto l'opportunità di intervenire sulla riabilitazione del sistema irriguo albanese, certamente importante per la ripresa dello sviluppo agricolo, quanto l'approccio seguito. E cioè la cosiddetta "gestione partecipativa dell'irrigazione" attraverso le "associazioni di utilizzatori dell'acqua".

> Da interviste con i contadini risulta chiaramente che le associazioni di utilizzatori delle acque (Water Users' Associations) non funzionano o comunque non migliorano la gestione dei canali irrigui riabilitati. Una delle ragioni che spiegano ciò è l'attitudine negativa da parte degli albanesi nei confronti di ogni forma di cooperazione/associazione, come del resto ben dimostrato

> da numerosi studi socio-antropologici. Perciò in teoria l'approccio partecipativo delle associazioni di utilizzatori delle acque è probabilmente uno dei migliori per assicurare la gestione della risorsa acqua, ma in Albania la questione dovrebbe essere risolta forse in modo diverso. Se il "modello" funziona da qualche parte, questo non significa che deve funzionare ovunque [XV: 147-148].

D'altra parte chiunque abbia visitato le aree selezionate dal progetto di riabilitazione irrigua – anche se viene il sospetto che pochi degli interessati lo abbiano realmente fatto – avrà certamente verificato lo scarso coinvolgimento dei contadini nelle attività delle associazioni di utilizzatori delle acque ed i dubbi che circolano sull'effettiva democraticità delle associazioni stesse. Ad esempio a Divjaka, uno dei distretti toccati dal progetto, numerosi contadini associati anziché sentirsi diretti responsabili del funzionamento delle associazioni di cui sono membri, vedono le stesse come "enti governativi". Molti di loro risultano inoltre insoddisfatti dell'operato dei propri rappresentanti, altri hanno manifestato perplessità sulle modalità con cui questi ultimi sono stati eletti, altri ancora hanno denunciato poca trasparenza nella gestione della associazioni. A ciò va infine aggiunta la nota ritrosia degli albanesi verso ogni forma di cooperazione imposta e non regolata dai canoni.

Insomma, signor Ministro, invece di calare modelli dall'alto, per quanto validi e testati con successo altrove, forse sarebbe (stato) utile girare un po' di più in campagna per "respirarne" gli umori e per conoscere le tradizioni agricole albanese. Questo tipo di astrazioni di solito trasformano una teoria positiva in una realtà negativa rendendo dannoso o al limite nullo l'intervento sesso.

È vero però che la tentazione di considerare l'Albania come una sorta di laboratorio ideale era – ed è ancora in verità – molto forte. Soprattutto, signor Ministro, allora interessava capire se e come cambiava la società nella fase di transizione. Capirlo poteva risultare utile anche per altri paesi che stavano affrontando processi simili.

> Il laboratorio albanese - anche grazie alla dimensione spaziale relativamente ridotta del Paese stesso e alla relativa velocità e spontaneità con cui è avvenuto il recente processo di riforma (1991-1993) - sembra essere un utile campo di osservazione della società in transizione dal piano al mercato quando le caratteristiche dinamiche dell'aggregato si modificano nel passaggio da una fase all'altra. [IX: 86]

Interessante risultava – ma la notazione direi che è ancora abbastanza attuale – la presenza contemporanea in Albania dei tre livelli di attività economica proposti a suo tempo da Fernand Braudel. E cioè: il mondo dell'abitudine, che si riferisce all'economia di sopravvivenza e al quotidiano, e che caratterizza le attività elementari; il livello dell'economia degli scambi rivolto all'attività di mercato; e infine il livello finanziario o capitalistico che comprende le grandi transazioni monetarie e dei commerci internazionali.

In Albania i diversi livelli, che comportano logiche decisionali specifiche, riferibili a modelli tipici propri, con il baratto e altre forme tipiche dei paesi più arcaici nel primo caso, l'economia moderna negli altri, e con decisioni anche di modalità politiche nel terzo, in realtà convivono creando una situazione particolarmente confusa e difficile da analizzare anche per gli osservatori più attenti e preparati.

Ma allora forse il problema che più interessava i ricercatori nel campo economico-agricolo era soprattutto quello di costruire una "teoria della transizione" – e l'Albania per le modalità con cui si era sviluppato inizialmente il processo sembrava un caso di studio molto interessante, forse unico – considerata necessaria per almeno due ragioni.

> Per il carattere inedito del processo stesso e la conseguente inapplicabilità di approcci nati da altre realtà, per il fatto che le economie in transizione si presenteranno a lungo in modo diverso sia dal modello di pianificazione centrale classico sia da quello di economia di mercato. [VI: 326]

In effetti, confrontando in Albania la fase antecedente alle prime riforme (1988-1990) con quella immediatamente successiva (1991-1993), si potevano individuare piuttosto chiaramente gli squilibri che agivano nel sistema economico e agricolo, e si potevano quindi trarre delle indicazioni utili per codificare in qualche modo il processo di transizione.

La prima fase inquadra infatti la società albanese nel periodo finale del regime, quando l'economia è ancora rigidamente pianificata. La seconda fase descrive invece il paese all'inizio della transizione verso il mercato, periodo caratterizzato dall'adozione di una serie di riforme che aprono l'Albania all'esterno e avviano la decollettivizzazione e la destatalizzazione, sia in agricoltura che negli altri settori economici.

Nella fase pre-riforma il tasso annuale di incremento demografico è pari a 1,24%. Nella fase post-riforma, invece, la popolazione diminuisce ritornando, nel 1993, a un livello prossimo a quello del 1990 (-0,39%).

Il calo demografico, tuttavia, non è tanto causato da fattori naturali - infatti i tassi di natalità e mortalità rimangono sugli stessi valori degli anni precedenti - quanto dai forti flussi di emigrazione della popolazione, in particolare quella attiva, verso paesi esteri.

Abbiamo così individuato un primo fattore di squilibrio del sistema: l'emigrazione, che ha, come noto, un'influenza diretta sull'offerta di lavoro, ovvero sulla potenzialità produttiva dell'aggregato e sulla domanda globale dei beni di consumo, ovvero sulla capacità di consumo della società.

Osserviamo ora la dinamica della produzione nazionale. Nella fase pre-riforma questa diminuisce a un tasso dell'1,26%, cosa che dimostra la forte crisi in cui si trova il sistema economico albanese nell'immediata vigilia delle riforme. Nella seconda fase il prodotto interno invece aumenta a un saggio dello 0,68%.

> Questo incremento, pur modesto, risente tanto di una generale ripresa economica del paese - il cui livello di partenza era peraltro molto basso - quanto, soprattutto, degli aiuti diretti e indiretti forniti da altri paesi e dalle rimesse degli stessi emigrati. [V: 24]

In questo modo si era dunque individuato un secondo, importante, fattore di squilibrio del sistema, questa volta di carattere economico: la doppia influenza degli aiuti e delle rimesse che, favorendo la ripresa delle attività produttive interne, avevano permesso al sistema economico albanese di ripartire.

> All'andamento della produzione nazionale è legata la dinamica del reddito individuale. Nella fase pre-riforma questo diminuisce a un tasso annuo del 2,47%. Aumenta invece nella fase post-riforma (1,07%), risentendo tanto dell'incremento generale della produzione interna quanto del decremento della popolazione residente. Si noti che la differenza delle entità del saggio di incremento (decremento) del prodotto (reddito) nazionale e di quello individuale, ripete, con leggera maggiorazione, l'entità dell'incremento (decremento) demografico.
> Dal punto di vista della dinamica economica, quindi, nel processo di transizione l'Albania passa da una fase di arretramento (regressione) a una fase di avanzamento (sviluppo). Prima di fare ulteriori considerazioni sulla "povertà" (diminuisce il reddito individuale e aumenta la popolazione residente) e sulla "ricchezza"

(aumenta il reddito individuale e diminuisce la popolazione) del paese - abbiamo già ritrovato due fonti di squilibrio del sistema di partenza - analizziamo le vicende dell'agricoltura.

Osserviamo per prima cosa la dinamica della produzione agricola. Nella fase pre-riforma questa cresce a un ritmo annuo dell'1,04%, mentre aumenta anche la sua incidenza relativa sulla produzione nazionale, la quale invece, come visto sopra, diminuisce. L'incremento dell'incidenza della produzione agricola su quella nazionale è, in effetti, un fenomeno tipico delle economie in regressione, che nasce principalmente dalla necessità di approvvigionare la popolazione in crescita. Anche nella fase post-riforma la produzione agricola aumenta, ma in questo caso a un ritmo ben superiore rispetto alla fase precedente (8,17%), cosa che provoca un ulteriore aumento dell'incidenza relativa dell'agricoltura sulla produzione interna. Questo incremento, in apparente contraddizione con il processo di sviluppo, avviene grazie all'attività delle neo costituite aziende agricole su base individuale, le uniche "imprese" che, almeno nelle fasi iniziali della transizione, producono.

Consideriamo ora la dinamica dell'occupazione e della produttività del lavoro nel settore agricolo. Durante la fase pre-riforma gli attivi agricoli, conformemente a quanto ci si può aspettare considerando l'incremento della popolazione residente (effetto crescita) e il decremento del reddito individuale (effetto regressione), aumentano, anche se il ritmo di crescita annua (0,063%)

> risulta inferiore rispetto a quello registrato dalla produzione agricola e dalla popolazione: non sorprende quindi che la produttività degli agricoli aumenti (0,41%), mentre quella degli attivi totali diminuisca (-2,83%). Nella fase post-riforma, nonostante il decremento della popolazione residente (effetto decrescita) e l'incremento dei reddito individuale (effetto sviluppo), con la trasformazione delle strutture agrarie (smantellamento delle cooperative e liquidazione delle aziende statali) il numero degli agricoli "attivi" nell'emergente settore "privato" - costituito da un numero sempre più elevato di micro-aziende contadine a carattere familiare - aumenta a un ritmo annuo certamente notevole (10,06%). Non sorprende allora la diminuzione della produttività degli attivi agricoli (-1,72%) da un lato e la crescita di quella degli attivi totali (1,76%) dall'altro, mentre nel frattempo diminuiscono le attività totali riferite all'occupazione (-1,06%). [V: 25]

Così ragionando si era dunque individuato un terzo fattore di squilibrio del sistema, questa volta di carattere strutturale, e riconducibile al rimodellamento fondiario determinato dalla riforma agraria che aveva modificato profondamente la dinamica strutturale del settore agricolo, alterando gli equilibri precedentemente raggiunti.

> Nella fase pre-riforma gli indicatori osservati sintetizzano insomma la profonda agonia del sistema economico e sociale albanese. Nella fase post-riforma, invece, la

progressione del paese è dovuta al verificarsi di una serie di fenomeni contingenti che agiscono nella direzione di far aumentare il reddito individuale (effetto combinato dell'azione degli aiuti internazionali e delle rimesse degli emigrati e della parallela diminuzione dei residenti con innalzamento del reddito pro capite). Così, come visto, è contingente l'incremento della produzione agricola e della popolazione "attiva" agricola dovuta al profondo rimodellamento strutturale.

Questo processo, sarà, prevedibilmente, lungo. D'altra parte neppure nelle economie di mercato il processo di trasformazione, o se si vuole di adattamento, è giunto a conclusione. Così l'adattamento delle dimensioni e della struttura delle aziende agrarie nell'America del nord e in Europa occidentale continua a evolversi rispondendo alla dinamica dei mercati e degli scambi internazionali, delle politiche economiche e agrarie, del progresso tecnico e dello sviluppo economico. Sebbene questi adattamenti siano attualmente meno drammatici e traumatici di quelli in corso nelle economie in transizione in generale e in Albania in particolare, essi, nondimeno, dimostrano che si tratta di processi continui.

La direzione della trasformazione nell'agricoltura albanese però a questo punto è nota e conseguenti dovranno essere i provvedimenti in materia di politica agraria. [V: 27]

Appunto signor Ministro, siamo finalmente arrivati alla politica economica e agraria. Bisogna riconoscere che, oltre a un laboratorio per studiare l'economia di transizione, l'Albania è diventata passo dopo passo anche un caso molto singolare nell'interpretazione dell'economia di mercato in chiave estremamente liberista. Interpretazione che peraltro non trova tanti esempi altrove nel mondo, né in altri paesi in transizione o in via di sviluppo, ma neppure nelle stesse economie cosiddette "sviluppate".

> All'opposto il caso dell'Albania, che risulta uno dei pochi paesi (un caso da "manuale") dove il settore agricolo non riceve alcun sostegno diretto né esiste alcuna barriera tariffaria importante nel lungo capitolo della nomenclatura doganale - recentemente conformata al codice internazionale - relativa alle importazioni di prodotti agro-alimentari. [12: 9-10]

Tuttavia questa impostazione della politica economico-agraria e poi commerciale ha portato a dei risultati abbastanza controversi, anche se naturalmente ciò dipende dalla prospettiva con cui si guardano.

> Se la privatizzazione delle strutture produttive, la liberalizzazione totale dei prezzi, l'assenza di sussidi diretti o

> indiretti alla produzione agricola nazionale e la mancanza di barriere tariffarie (e anche di controlli) ai confini hanno fatto dell'agricoltura albanese un "modello" citato ad esempio dagli organismi internazionali, gli effetti di questo rarissimo caso concreto di liberismo applicato al settore primario, amplificati dalle note deficienze strutturali e infrastrutturali, si sono concretizzati in massicce importazioni di prodotti agroalimentari, gran parte dei quali originari dai paesi dell'Unione Europea e pertanto non esenti dalle sovvenzioni dei meccanismi della politica agricola comunitaria. [XIII: 33]

Oltre all'esodo, all'abbandono, all'inurbamento, insomma a tutti quei fenomeni già visti prima (e che riprenderò anche oltre), questa situazione ha portato, signor Ministro, ad una progressiva abitudine dei consumatori albanesi nei riguardi dei prodotti provenienti dall'estero, standardizzati ed esteticamente ben presentati, sebbene sempre di seconda o terza scelta rispetto a quelli che si trovano normalmente nei mercati dell'Unione europea.

> Osservando i mercati alimentari delle principali città albanesi (Tirana in particolare) è facilmente riscontrabile la quasi totale assenza di prodotti agricoli locali, cosa per certi versi paradossale se si considera il ruolo del settore primario - nel 1996 il 52,3% del prodotto interno lordo era di origine agricola mentre gli attivi rappresentavano il 68,8% del totale degli occupati - nonché la propensione e vocazione agricola del paese. [XIII: 34]

Ad un certo punto, comunque, anche la via del liberismo "integrale", con tutte le sue conseguenze, sembrava dover interrompersi per gli avvenimenti legati al crollo delle finanziarie piramidali.

> Tuttavia ogni considerazione sullo sviluppo agricolo albanese risulta evidentemente condizionata dalle possibili conseguenze - che va detto investono l'intera economia e società del paese - del collasso dei fondi d'investimento a piramide, avvenuto fra la fine del 1996 e l'inizio del 1997. [XII: 10]

Siamo così arrivati alla crisi delle cosiddette finanziarie piramidali (sulle cui cause mi dilungherò dopo), che inizialmente si pensava avrebbe dato un colpo formidabile anche all'agricoltura.

> Alla fine dell'aprile 1997, quindi all'indomani dei principali disordini, il Ministero dell'agricoltura e alimentazione stimava danni per oltre 31 milioni di dollari ... Al di là delle stime - difficili da valutare proprio per la difficoltà di ottenere delle informazioni affidabili a livello distrettuale, ma comunque utili per avere un ordine di grandezza – i danni materiali subiti dalle aziende contadine sono stati finora piuttosto limitati (a parte la segnalazione di alcuni casi di danneggiamento di serre). Tuttavia le conseguenze future potrebbero rivelarsi ben più gravi. Infatti, sebbene non se ne conosca il numero, risulta che molti agricoltori abbiano

> svenduto le scorte, il bestiame e altre proprietà allo scopo di investire nelle finanziarie. Questi disinvestimenti avranno evidentemente delle ricadute. Ad esempio, la contrazione del livello di capitale circolante ridurrà la già modesta capacità di acquisto di pesticidi e fertilizzanti, difficile poi risulterà la ricostruzione del patrimonio zootecnico. Inoltre è probabile che l'effetto delle perdite sui bilanci familiari risulti in una diminuzione dei consumi di beni e servizi. Quindi anche la quota del reddito familiare riservata all'acquisto di prodotti agro-alimentari è destinata ad aumentare ulteriormente. Inoltre in alcuni distretti (Fier, Valona, e altri) sono stati distrutti gli uffici di registrazione fondiaria ivi compresa la documentazione finora raccolta, cosa che non solo ha messo a rischio il lavoro già fatto ma anche ha bloccato il processo di registrazione delle proprietà. [XII: 11-12]

In realtà signor Ministro gli avvenimenti del 1997 – quella che si ricorderà appunto come la "crisi delle piramidi" – hanno portato, paradossalmente, anche alcuni "effetti" positivi.

> Primo hanno fatto emergere le reali condizioni socioeconomiche, a prescindere dall'immagine virtuale delle statistiche ufficiali, in cui si è venuto a trovare il Paese… Secondo, la fine di quel benessere apparente creato dalle catene di Sant'Antonio, una sorta di pensione sociale che ha progressivamente addormentato la volontà di intrapresa degli albanesi, ha determinato un

ritorno della popolazione alle attività produttive, in particolare all'agricoltura.
Secondo le prime elaborazioni statistiche relativamente al 1997 emerge che nell'ambito della produzione interna lorda l'agricoltura è passata dal 52,3% dell'anno precedente al 59,1% (parallelamente sono diminuite le incidenze relative delle costruzioni, dei trasporti e dei servizi). ... Anche il numero di attivi agricoli è risultato in crescita nel 1997 (l'anno precedente la quota era già pari al 68,8% degli occupati totali).
Questi dati confermano quanto si è osservato nei primi mesi dell'anno e cioè che la crisi ha provocato un "ritorno ai campi". Il che peraltro è confermato anche dalle stime ufficiali del Ministero dell'agricoltura le quali riportano che la produzione agricola nel 1997 si è mantenuta generalmente stabile con un incremento dell'1% rispetto al 1996, risultato questo influenzato da un relativo aumento delle coltivazioni erbacee (+ 2%) e arboree (+ 8%) e da una diminuzione della produzione animale (-2%).
Se, quindi, la situazione caotica determinatasi nei primi mesi del 1997 in fondo non ha influenzato negativamente l'agricoltura, considerando anche che i danni diretti provocati dalle rivolte sono stati relativamente limitati, il deterioramento complessivo del quadro macroeconomico - la spirale inflattiva, il deprezzamento del lek, e in generale il peggioramento di tutti i principali indicatori economici a partire dalla produzione interna lorda diminuita del 15% - pone al settore dei

pesanti condizionamenti per il futuro.
Condizionamenti che d'altra parte si sono già concretizzati nella campagna agricola autunnale del 1997, in particolare con l'incremento del prezzo dei mezzi tecnici di produzione (sementi, carburanti). È chiaro dunque che questo pur positivo ritorno al settore primario e al lavoro agricolo è ora fortemente condizionato da un quadro generale di grande incertezza. [XIV: 3-4]

Un quadro macroeconomico che al contrario era sempre stato considerato, nei suoi "fondamentali", più che buono, anzi ottimo per la verità.

Di tutti i paesi dell'Est-europeo quella albanese risultava, fra il 1993 e il 1996, l'economia con il tasso di crescita economica più elevato (il prodotto interno lordo sarebbe aumentato mediamente dell'8-9% all'anno), il livello di inflazione più basso (circa 10% su base annua), il livello di disoccupazione più modesto (sotto il 10%), i tassi di cambio più stabili (il dollaro si è per lungo tempo scambiato attorno ai 100 lek). Un quadro macroeconomico, insomma, di sviluppo e stabilità che tuttavia, come si vedrà meglio oltre, non trova(va) essenziali riscontri nella realtà risultando di fatto apparente.
Avere la certezza che ci siano state delle distorsioni volute nella presentazione delle statistiche ufficiali, e una conseguente strumentalizzazione da parte delle autorità governative, risulta a questo punto poco rilevante. Più importante sarebbe invece capire perché i

dati pubblicati sono sempre stati avvallati, autorevolmente, dagli organismi internazionali. L'Albania era diventata l'orgoglio del Fondo monetario internazionale e della Banca mondiale perché avvalorava le loro tesi e i loro schemi.

Coerentemente peraltro le istituzioni internazionali hanno continuato a difendere e confermare il "miracolo albanese" se è vero, come è vero, che in un documento preparato congiuntamente da Banca mondiale, Commissione europea, Banca europea per la ricostruzione e lo sviluppo e Fondo monetario internazionale immediatamente dopo le elezioni del 29 giugno 1997 si certificava ancora "la crescita impressionante del prodotto interno lordo, fra i più alti in Europa nel periodo 1993-1996".

Tuttavia, al di là dei possibili artifici numerici - senza che ciò implichi necessariamente la dolosità visto che le statistiche albanesi non sono state mai veramente contestate - e considerando che in effetti l'economia albanese nel 1991 aveva subito una sorta di azzeramento e quindi i tassi di crescita riflettono questa condizione, il fatto saliente - questo sì evidente per chiunque sia venuto a contatto non sporadico e superficiale con la realtà albanese - è che in oltre cinque anni di libero mercato il paese non è riuscito ad avviare una vera e propria economia produttiva lasciando invece molto spazio ai traffici illegali. [XIII: 31-32]

Il problema appunto era che, a parte l'agricoltura, gli altri settori del sistema economico albanese non esistevano: un caso interessante di economia virtuale, proprio nel senso informatico del termine.

Nonostante che la maggior parte dei rapporti rilevasse il contrario, l'assenza di un'economia produttiva era palese ben prima del 1997. L'esempio più eclatante si ritrova nel settore primario, ma anche industria e terziario non si sottraggono a questa evidenza.
L'agricoltura, il settore che ha registrato i tassi di crescita maggiori - certamente giustificati dal fatto che la decollettivizzazione totale e immediata ha arrestato per un certo periodo l'attività produttiva - in realtà produce per l'autoconsumo. Anche se in questo caso l'economia di sussistenza non è poca cosa se si considera che la popolazione agricola e rurale rappresenta una quota notevole - intorno ai due terzi – della popolazione totale. D'altra parte è difficile pensare che le 450 mila micro aziende agricole di poco più di un ettaro di superficie agricola suddivisa in 4-5 appezzamenti dislocati in punti diversi e condotte da famiglie di 5-6 persone, prive di dotazioni meccaniche e sottocapitalizzate, fossero in grado di produrre un surplus da destinare ai mercati, vista anche la carenza di mezzi di tra-

sporto, di strutture di conservazione e trasformazione, di mercati alimentari organizzati. ...
Comunque sia l'"aggiustamento" del settore agricolo sino ad ora ha portato all'abbandono di larghe zone agricole e alla perdita di certe colture locali con conseguenze sul degrado ambientale e sulla diminuzione di biodiversità, all'incremento dei flussi di migrazione campagna-città e di quelli di emigrazione con effetti dirompenti sulla pressione demografica nelle aree urbane e periurbane e sui traffici di clandestini, alla progressiva abitudine dei consumatori albanesi nei riguardi dei prodotti provenienti dall'estero standardizzati ed esteticamente ben presentati (sebbene mai di prima scelta), ma probabilmente meno salubri di quelli locali, di necessità "naturali" per mancanza di trattamenti chimici. [XIII: 34]

Neppure il settore industriale, che sarebbe dovuto essere il motore dello sviluppo economico del paese, era in realtà decollato.

Il contributo della produzione industriale è progressivamente diminuito dal quasi 40% del 1990 all'11,9% del 1996 quando il settore occupava il 6,7% della popolazione attiva. La produzione dell'industria statale non ha mai superato la crisi dei primi anni 90 ed ha continuato a registrare brusche cadute solo parzialmente attenuate da una produzione privata un po' più sostenuta. Gli impianti obsoleti contraddistinti da un

> basso livello di efficienza ed un elevato consumo di energia hanno rappresentato un notevole freno alla crescita, peggiorata ulteriormente dall'inevitabile mancanza di know how dei tecnici locali. Se gli investimenti privati locali sono stati molto modesti, per non dire fasulli nel caso di alcune società finanziarie, quelli da parte di aziende straniere, soprattutto italiane, non hanno contribuito in modo rilevante alla modificazione della struttura industriale del paese (negli anni 1995-96 le aziende italiane, circa 600 unità, hanno creato circa 30 mila posti di lavoro). [XIII: 34-35]

In altre parole, signor Ministro, confermando anche quanto già visto sopra, le basi su cui si reggeva l'economia albanese non erano fondate sull'economia produttiva.

> Il sistema economico albanese si è retto allora, oltre che sugli aiuti e la cooperazione internazionali di cui si dirà più avanti, da una parte sulle entrate legali provenienti dalle rimesse degli emigrati, stimate fra i 350 e 500 milioni di dollari ogni anno, e dall'altra sui traffici illegali: immigrati clandestini albanesi e provenienti dai Balcani e dall'Asia; armi e carburanti con Serbia e Montenegro, in particolare durante l'embargo; droga, albanese e non, con Italia e Grecia. [XIII: 35]

A proposito, signor Ministro, è venuto il momento di affrontare il problema delle colture illegali cui accennavo a proposito della povertà delle aree marginali. Problema che in realtà non è mai stato affrontato apertamente, ma che ha posto (e porrà sicuramente) seri problemi anche in materia di politica agraria.

> L'Albania si è specializzata nella coltivazione di Cannabis indica diventando il più importante produttore europeo di marijuana. Nonostante il prodotto albanese immesso nel mercato europeo abbia fatto scendere il prezzo da 1200 a 800 dollari al kg, questa quotazione evidentemente non permette a nessuna delle colture tradizionali di competere. La coltivazione di Cannabis indica è iniziata intorno al 1993 quando dalla Grecia si è importata la tecnica di produzione e in poco tempo ha raggiunto proporzioni allarmanti, visti i profitti che i contadini potevano ottenere (soprattutto al sud dove le condizioni climatiche sono migliori, ma anche al nord). Sebbene forse nessuno sia in grado di fare un censimento della coltura, risulta che siano in produzione centinaia di migliaia di piantine capaci di produrre decine di tonnellate di hashish grezzo, quantità che metterebbero l'Albania al primo posto fra gli altri paesi dell'ex blocco orientale. [XIII: 35]

In realtà la filiera canapa indiana appare molto ben organizzata, dalla produzione al consumo, e sarà molto difficile da smantellare. È chiaro, signor Ministro, che questo problema riguarda soprattutto il Suo collega del ministero dell'interno. In attesa dei controlli, sempre difficili da attuare, sarebbe importante tuttavia studiare qualche alternativa economicamente valida; anche se risulta difficile convincere quegli "agricoltori" a non coltivare quelle cinque sei piantine di canapa indiana capaci di fornire un'ottima (e spesso insostituibile) integrazione di reddito per le famiglie, soprattutto in quelle aree marginali che sono per loro natura molto vocate per questo tipo di produzione (in quanto meno accessibili e quindi più nascoste).

È difficile sostenere che se a suo tempo si fossero destinate maggiori risorse e programmi di sviluppo per le aree marginali il problema sarebbe risolto. Forse però il fenomeno ora sarebbe meno esteso.

Comunque sia in parte il denaro generato da questi e (soprattutto) altri traffici è stato investito nel cosiddetto settore terziario: bar, ristoranti, negozi, sale giochi e naturalmente i chioschi che hanno invaso ogni metro quadrato dei centri cittadini e persino dei villaggi.

> La proliferazione esponenziale e disordinata dei chioschi dà peraltro la misura dell'assenza totale di qualsiasi regolamentazione di tipo edilizio, igienico sanitario, commerciale. Tutto è sommerso, senza regole o meglio con le regole della corruzione. Il terziario si è quindi sviluppato come nei paesi più arretrati: una pletora di piccoli commerci con poche merci e tanti venditori, molta burocrazia per condurre a termine una qualsiasi pratica, servizi pubblici sovraffollati di dipendenti (nel 1996 i servizi contribuivano al 20,8% nella formazione del prodotto interno lordo occupando oltre un quinto degli attivi). [XIII: 35-36]

Insomma, signor Ministro, a parte qualche problema l'agricoltura sembrava proprio l'unico settore "sano" dell'economia albanese e non pareva per nulla collegata con la crisi delle piramidi (ovvero lo era, ma come visto indirettamente). La "colpa" o le colpe della crisi del sistema andavano pertanto cercate altrove. Sicuramente il primo indiziato era il sistema bancario.

> Le condizioni in cui si è trovato il paese non si potrebbero tuttavia spiegare se non rilevando che la maggior debolezza dei sistema economico-finanziario dell'Albania - in questo caso al pari di moltissimi altri paesi in transizione - trovi fondamento nell'apparato bancario. In questo settore le privatizzazioni hanno segnato il passo oppure hanno lasciato terreno brado alla corsa senza regole (e freni) di personaggi scarsamente credibili.
>
> E in effetti, non casualmente, l'inizio del fenomeno "piramidi" risale già al 1990, proprio all'indomani dell'annuncio di privatizzazioni fatto da Ramiz Alia, il successore di Enver Hoxha, quando Hajidin Sejdia fondò la prima finanziaria piramidale, l'Illyria Holding, fallita poi nel 1992 lasciando uno scoperto di 3,3 milioni di dollari.
>
> D'altra parte in Albania gli ideatori delle piramidi finanziarie (dette fondazioni e fondi), che dopo la pio-

nieristica Illyria Holding si sono moltiplicate esponenzialmente coinvolgendo - si stima - il 75% della popolazione e muovendo un giro d'affari pari al 30% del prodotto interno lordo albanese, hanno avuto diversi modelli da imitare ad un tempo molto lontani storicamente e molto vicini geograficamente. [XIII: 36]

A tale proposito, signor Ministro, è interessante e anche curioso notare che l'ideatore delle finanziarie piramidali sia di origine italiana.

È noto che fu l'italo-americano Tom Ponzi a inventare nella Chicago degli anni 20 il meccanismo delle piramidi - chiamato appunto Ponzi scheme - promettendo interessi elevatissimi in poche settimane da ripagare ai primi clienti con i soldi dei nuovi sottoscrittori. Negli anni questo gioco si è ripetuto molte volte altrove nel mondo e negli ultimi tempi particolarmente nelle economie in transizione dell'Europa Centro-orientale e dell'ex Unione Sovietica.
A Tirana probabilmente molti erano a conoscenza della Dafina Bank di Belgrado dove durante gli anni dell'embargo e dell'iperinflazione alcuni gruppi decisero di tentare la catena di Sant'Antonio: questa banca privata ha dato interessi mensili del 10% in valuta ad una moltitudine di serbi impoveriti dalla guerra e dalle sanzioni fino all'inevitabile bancarotta. Imbrogli simili sono avvenuti anche in Bulgaria, e i tumulti delle prime settimane del 1997 ne sono stati in parte una

> conseguenza. In quel paese la Banca centrale ha consentito negli ultimi anni la proliferazione di un numero elevato di piccoli istituti di credito che offrivano rendimenti molto elevati: quando la piramide è crollata sono rimasti sepolti migliaia di investitori. In Russia il caso più clamoroso è stato quello della Mmm: interessi dal 10 al 50% sul capitale versato ma mai rimborsato. [XIII: 36-37].

Questa breve ricostruzione della storia e delle esperienze applicative nell'area est-europea del cosiddetto *Ponzi scheme* pone, necessariamente, una domanda.

> Come mai le istituzioni internazionali, e in particolare il Fondo monetario internazionale, hanno aspettato tanto a intervenire per impedire o almeno limitare un disastro finanziario annunciato? Fra l'altro in Albania, a differenza degli altri paesi post-comunisti dove i fondi piramidali "vivevano" al massimo sei mesi, una così lunga resistenza - alcune finanziarie hanno operato per oltre 5 anni - avrebbe dovuto far nascere almeno il sospetto che la loro sostenibilità fosse alimentata dalle numerose attività illecite.
> È vero che i moniti espressi dagli osservatori del Fondo monetario internazionale e della Banca mondiale ci sono stati, ma l'intervento "allo scoperto" è stato molto tardivo (17 ottobre 1996) e comunque insufficiente a convincere il Governo e le autorità monetarie albanesi a prendere le distanze da quell'alta marea speculativa,

> forse già a quel punto inarrestabile, che poi ha portato effettivamente alla crisi. [XIII: 37]

In altre parole, signor Ministro, c'è qualcosa che non si riesce ancora a capire, o almeno che io non sono riuscito a capire. E cioè come mai le finanziarie piramidali si siano potute sviluppare tanto e per così lungo tempo sotto gli occhi, di solito molto attenti, dei funzionari delle istituzioni internazionali.

> Poiché in realtà non è ragionevole credere che il Fondo monetario internazionale, e quindi la Banca mondiale e le altre organizzazioni internazionali - peraltro ben radicate nel paese - abbiano lasciato correre il Ponzi Scheme senza poterne prevedere le conseguenze e quindi intervenire, viene il dubbio che ci possa essere stata o una sottovalutazione del fenomeno o quantomeno una sua tolleranza, oppure ancora che si sia andata sviluppando una sorta di "connivenza" - di accordo non scritto - con il Governo e la Banca centrale dell'Albania, le altre due controparti che non potevano essere all'oscuro di quanto stava succedendo. In nessun caso, comunque, il quadro che ne emerge sarebbe positivo. [XIII: 37]

A questo proposito signor Ministro vorrei proporLe una breve ricostruzione cronologica, dalla fine 1990 agli inizi 1997, che forse potrebbe aiutare a capire l'ambiente attorno al quale si è sviluppato il fenomeno delle finanziarie piramidali, la loro ascesa e il successivo declino. In qualche modo si potrebbero infatti delineare i contorni di questo vasto fenomeno e spiegarne le ragioni economiche e politiche.

Gli elementi essenziali del ragionamento, in ordine cronologico, sono i seguenti:
- la rivoluzione seguita alla caduta del muro di Berlino si estende, con un paio d'anni di ritardo, all'Albania (1990), il Fondo monetario internazionale entra nel paese nel 1991;
- Tirana mantiene il sistema economico centralistico, la Banca nazionale d'Albania resta l'unica abilitata a far scambi con l'estero, il lek viene vincolato al dollaro in base ad un accordo politico che stabilisce a priori un controvalore (il dollaro oscillerà sempre attorno ai 100 lek);
- inizia l'esodo degli albanesi verso i paesi europei, gli emigranti mantengono le famiglie rimaste a casa con una cifra che inizialmente si stima attorno ai 350 milioni di dollari all'anno, il regime si arricchisce cambiando queste cifre in lek;
- l'Illyria Holding, la prima finanziaria piramidale, fallisce lasciando uno scoperto di 3,3 milioni di dollari (il fondatore e proprietario Hajidin Sejdia viene arrestato in Svizzera nel 1992), il blocco dei conti serve a far cadere il governo di Fatos Nano (successivamente arrestato il 30 luglio 1993) e del presidente Ramiz Alia, accusati di essere legati al truffatore;
- parte la scalata al potere di Sali Berisha (eletto presi-

dente nell'aprile 1992) e del suo Partito democratico, nell'agosto dello stesso anno la Banca mondiale apre nella capitale albanese una missione residente;
- il Fondo monetario internazionale pone dei limiti: se aumenta la liquidità e contemporaneamente diminuisce la quantità di merci, esplode l'inflazione, affinché ciò non avvenga il paese deve quindi "bruciare" le rimesse degli emigrati;
- le società piramidali, che continuano a moltiplicarsi, diventano lo strumento per consumare i lek in eccesso stabilendo una corrente inversa a quella delle rimesse degli emigrati, in questo modo con una partita di giro le rimesse vengono "lavate" dalla Banca centrale e dalle società piramidali;
- gli interessi elevatissimi permettono alle famiglie degli emigrati di ritirare regolarmente degli stipendi mensili, una sorta di pensione che all'inizio viene vista (e funziona) come un ammortizzatore sociale;
- il gioco si alimenta con la catena di Sant'Antonio fino a raccogliere quasi due miliardi di dollari e coinvolgere un numero molto elevato di albanesi compresi gli emigrati che investono le rimesse;
- nel frattempo il Partito democratico consolida il potere prima con le elezioni politiche del maggio 1996 e poi con le amministrative dell'ottobre dello stesso anno (elezioni entrambe fortemente contestate dall'opposizione ma riconosciute - forse non a caso frettolosamente - dalla comunità internazionale);
- dopo le elezioni alcune società piramidali iniziano ad

abbassare i tassi di interesse dando l'impressione che si voglia arrivare alla trasformazione delle finanziare in vere e proprie banche;
- i tassi comunque rimangono ancora estremamente elevati e gli albanesi continuano a investire inebriati dalla possibilità di facili guadagni e ingannati dal sostegno evidente che il governo e lo stesso Presidente continuano a dare alle finanziarie;
- al Fondo monetario internazionale viene negato un incontro con lo staff della maggiore finanziaria albanese (ottobre 1996);
- nel gennaio del 1997, davanti alle pressioni della comunità internazionale che non può più accettare apertamente la situazione dei debiti interni, Presidente e Governo decidono di bloccare improvvisamente le attività delle finanziarie;
- la catena viene interrotta: fallisce una delle maggiori finanziarie (Sudja) e si sparge la voce, incontrollata, della fuga dei capitali (un importante giornale albanese pubblica in prima pagina una foto di un potente motoscafo e un titolo sibillino: "i milioni di dollari delle finanziarie stanno prendendo il largo");
- parte la corsa della popolazione nel tentativo di recuperare i capitali depositati, ma la maggior parte dei capitali accumulati dalle finanziarie è probabilmente già al sicuro (inizia la fuga - non ostacolata - dei proprietari di alcune società);
- il Fondo monetario internazionale sblocca il lek che va in caduta libera: per rimborsare il debito basterebbe allo-

ra utilizzare una piccola parte dei capitali accantonati;
- a questo punto però il meccanismo sfugge di mano e non può essere portato a termine come, consapevolmente o inconsapevolmente, previsto: parte la rivolta al sud dove i clan sono maggiormente esposti e la popolazione è tradizionalmente avversaria del presidente Berisha, originario del nord;
- la rivolta prende corpo fino a diventare incontrollabile (il 1° marzo si dimette il premier Alexander Meksi) e porta, dopo le elezioni del 29 giugno - 6 luglio, al ritorno dei socialisti al potere. [XIII: 38-40]

Se tutto ciò fosse vero signor Ministro – e credo che a grandi linee lo sia – allora il quadro che emergerebbe da questa ricostruzione cronologica sarebbe abbastanza inquietante.

Senza voler necessariamente alludere a fatti collusivi, se effettivamente è andata così - quello sintetizzato sopra è solo un ragionamento a "buon senso" che incrocia date, avvenimenti politici e fatti economici - allora è molto probabile che Governo, Banca centrale, Fondo monetario internazionale e società piramidali in qualche modo siano entrate in un unico "giro" in cui ognuno degli attori citati aveva un proprio tornaconto. Governo e Banca centrale potevano esercitare e consolidare il potere politico, economico e finanziario; le finanziarie piramidali potevano continuare indisturbate i traffici illegali, il vero affare per loro; Fondo monetario internazionale e Banca mondiale, con il conforto della comprovata efficacia degli schemi adottati, vedevano garantita la stabilità macroeconomica del paese; la comunità internazionale era invece soddisfatta da quella politica, importante anche per garantire quella più generale nell'area balcanica. Il cerchio in questo modo si chiude. [XIII: 40-41]

Il (nuovo) modello di sviluppo e il (vecchio) ruolo delle organizzazioni internazionali

Comunque, al di là delle ipotesi e interpretazioni fatte sopra sulla crisi economica, sociale e politica dell'Albania – sicuramente ce ne sono tante altre – mi sembra signor Ministro che al Suo paese si applichi perfettamente, anche se ciò probabilmente vale anche per molte altre realtà est-europee e soprattutto ex sovietiche, il concetto di *croissance appauvrissante*. Descritta a suo tempo da Manuela Silva, la "crescita che impoverisce" indica uno sviluppo caratterizzato da un alto tasso di crescita economica accompagnato però da un significativo impoverimento delle società in cui esso avviene.

Le cause trovate dalla economista portoghese affinché si verifichi una situazione del genere si applicano perfettamente all'Albania: fuga delle risorse umane (esportazione di mano d'opera), aggravarsi delle ineguaglianze, rafforzamento della dipendenza verso l'estero, vulnerabilità al propagarsi delle crisi, trasferimento di valori che sottostimano il lavoro, diffondersi di numerose disfunzioni (*bidonvilles*, disoccupazione, congestionamento urbano, inquinamento, desertificazione, delle zone rurali). In alternativa a questo tipo sviluppo Manuela Silva proponeva una ri-valutazione delle caratteristiche specifiche dei paesi facendo riferimento a un "nuovo modello di sviluppo".

Senza arrivare a ciò, esercizio che comunque varrebbe la pena di fare, almeno si poteva "cogliere l'occasione" della crisi per fermarsi un momento e riflettere sugli avvenimenti appena successi. Interrogandosi sulle sue cause forse si sarebbero ridiscussi o rivisti gli approcci dei programmi di cooperazione e sviluppo, compresa naturalmente la parte (importante) relativa all'agricoltura.

Comunque per l'agricoltura albanese, oltre al superamento dell'emergenza - fase molto delicata visto il legame con le elezioni politiche della fine di giugno e le possibili conseguenti strumentalizzazioni -, si rende necessario un piano d'azione di medio e di lungo periodo che permetta di riavviare lo sviluppo del settore. Base di questo piano dovrebbe tuttavia essere ... un'attenta documentata e imparziale fase di monitoraggio che evidenzi le condizioni del settore agro-alimentare. Operazione questa tanto importante quanto problematica anche e soprattutto per le oggettive difficoltà di raggiungere in sicurezza i distretti.
È auspicabile poi che si promuova un tavolo tecnico per ridisegnare una strategia di sviluppo agricolo e alimentare (ciò varrebbe naturalmente anche per gli altri settori). Un tavolo dove siedano, con la controparte locale, tutti i donors - e sono molti - promotori ed esecutori di investimenti e progetti. L'Albania è probabilmente il paese dove maggiore è stato l'intervento della comunità internazionale, governativa, non governativa, multilaterale e bilaterale. Il richiamo alla situazione expost postula per un necessario riaggiustamento degli interventi già programmati o in corso di esecuzione (e attualmente sospesi), e ciò dovrà essere fatto a prescin-

> dere da eventuali nuove risorse resesi nel frattempo, e vista la contingenza, disponibili da parte della comunità internazionale. In altre parole serve più un riaggiustamento e soprattutto un coordinamento delle risorse già disponibili che la progettazione e lo sviluppo ex novo di altre attività. [XII: 7-13]

Così invece non è stato. Anzi, per la verità lascia molto perplessi la provvidenziale tempestività con cui le principali istituzioni internazionali di finanziamento sono intervenute (prevalentemente con documenti) all'indomani della "crisi delle piramidi". Senza quindi avere il tempo materiale per capirne le cause, che pure ci saranno state.

> Quindi non sorprende che ... si continuino a sostenere gli stessi "modelli" imposti dalle burocrazie post-marshalliane e replicati schematicamente e sistematicamente quasi fossero un dogma ideologico. Coerentemente, infatti, all'indomani della crisi si è immediatamente proposto - senza quindi avere materialmente il tempo di interrogarsi sulle ragioni degli avvenimenti - un nuovo Piano Marshall per l'Albania. Pochi giorni dopo gli avvenimenti di marzo la Banca mondiale aveva già messo in circolazione un documento dal titolo, significativo, Albanian Recovery Program. Straordinaria poi la tempestività settoriale proposta dalla stessa Banca mondiale per quanto riguarda l'agricoltura: un aide-memoire datata 1° maggio 1997 proponeva un Economic Recovery Program: Agriculture

> Sector, preceduta (25 aprile 1997) da un più corposo Preliminary Discussion Paper: Albania Recovery Program. Agriculture. [XIII: 43-44]

Certo, negare quanto fatto in precedenza sarebbe stato come confessare apertamente gli errori commessi. E quindi, necessariamente, si è deciso di ripercorrere la stessa strada dando, questo sì, maggiore enfasi alle azioni e ai programmi futuri.

> In questi e altri documenti si sono ripetute, per non dire rafforzate, le "condizionalità" imposte a suo tempo e che, come riportato sopra, avevano fatto dell'Albania un (raro) modello di lìberismo economico. Senza necessariamente sostenere che tale modello applicato all'Albania sia stato la causa o una delle cause di quanto si è verificato nel 1997 risulta evidente che qualcosa non ha funzionato. [XIII: 44]

In altre parole qualche modifica nell'approccio – senza necessariamente arrivare ad una irrealistica e impraticabile inversione di rotta – poteva essere utile. Almeno se ne poteva discutere.

In questo senso un esempio paradigmatico poteva essere rappresentato dalla politica di sviluppo agro-alimentare, proprio per l'importanza economica e sociale del settore, per il suo stato di sofferenza e anche per la sua sostanziale estraneità rispetto alla crisi delle finanziarie piramidali.

> Evidentemente risulta anche che con ogni probabilità qualcosa nell'impostazione, e soprattutto nell'imple-

mentazione, delle misure di politica economica che direttamente o indirettamente hanno influenzato la dinamica del settore agricolo albanese non ha funzionato. Non è questa la sede per ricercarne le responsabilità, né qui sembra il caso di entrare nel merito del ruolo giocato dalle istituzioni internazionali di finanziamento e dei pur importanti (in numero ed impegno finanziario) progetti di cooperazione e di assistenza tecnica.
È tuttavia utile riflettere sulla possibilità di trovare un sentiero di sviluppo agricolo percorribile, adatto cioè alla realtà agricola albanese, andando quindi anche a rivedere - o meglio rendere coerente - l'approccio di politica agraria fin qui sostenuto. In realtà ciò che più di tutto sorprende nella crisi albanese è che non ci si è soffermati abbastanza ad analizzare, in modo approfondito, le cause della crisi stessa. Che non si sia perso tempo è, di per sé, fatto molto positivo. Tuttavia il rischio è quello di ripetere, nella fretta della cosiddetta "ricostruzione", gli stessi errori fatti in passato. ...
Così, generalizzando, ostinarsi a sostenere in Albania ciò che di fatto non si sostiene in altri paesi - al limite è il caso del confronto fra i sostenitori del liberismo e del protezionismo in agricoltura - diventa per così dire difficilmente sostenibile, e non si tratta soltanto di un gioco di parole. [XIV: 6]

Allora, signor Ministro, cosa si sarebbe potuto (e forse ancora si potrebbe) fare concretamente.

Si tratta di impostare, e poi mettere in atto naturalmente, azioni e misure coerenti di politica agraria mirate e finalizzate ad uno sviluppo armonico del settore e che tengano conto della dinamica dello sviluppo del sistema. Questa riflessione ... diventerebbe in qualche modo emblematica per l'importanza del settore nell'ambito dell'economia nazionale, se possibile ulteriormente accresciuta durante e dopo la crisi, ed anche una sorta di apripista per gli altri settori.
Concretamente per l'agricoltura albanese si deve partire da due evidenze che in qualche modo di per sé segnano un percorso obbligato. La prima è la "naturale" lentezza del processo di adattamento strutturale, la seconda è la "totale" mancanza di possibilità finanziarie per ... un sostegno al settore.
Si deve difatti riconoscere che le pur fondamentali e necessarie politiche delle strutture non hanno, né possono avere, effetti nel breve periodo: proprio seguendo l'esperienza dell'agricoltura dell'Europa occidentale, la ristrutturazione aziendale e l'adattamento strutturale sono processi, necessariamente, di lungo periodo, ed è illusorio affidarsi a visioni normative che postulerebbe-

> ro modificazioni immediate. I vincoli e limiti di bilancio d'altra parte impediscono, e impediranno in futuro, qualsiasi tipo di sostegno diretto e indiretto all'agricoltura. Così cadono da sole le possibili "tentazioni" che ne potrebbero derivare: prezzi garantiti, sussidi diretti, sovvenzioni alle esportazioni.
> Ecco che allora, proprio per sostenere lo sforzo (che tutti a ragione postulano) per il miglioramento delle strutture e infrastrutture e della stessa riorganizzazione, sforzo che può dare risultati solamente nel medio-lungo periodo, e soprattutto per dare "respiro" (e quindi anche possibilità di attuazione) a questo importante aggiustamento, bisogna agire con misure che abbiano effetto nel breve-medio periodo. [XIV: 6-7]

Il primo passo da fare in questa direzione presupponeva un intervento immediato sulle tariffe doganali, in particolare quelle dei prodotti agro-alimentari.

> Queste devono essere fissate nei termini di un'adeguata protezione. È bene chiarire subito che il termine "adeguata" è qui ripreso dall'unico documento della comunità internazionale di finanziamento che lo utilizza, sebbene con preciso riferimento a un regime di scambi liberale. L'uso dell'ormai quasi desueto (a parole) "protezione" tiene invece conto del fatto che l'interminabile disputa fra i sostenitori del libero scambio e quelli del protezionismo nasce in realtà, come ricorda Sergio Ricossa, dal voler riconoscere a principi generali in una

> materia dove invece contano soprattutto gli aspetti contingenti, ben calati nella realtà di un dato momento e di un dato luogo, come è appunto il caso dell'Albania.
> Le tariffe attualmente in vigore pur seguendo la classica tripartizione - dazio del 7% per le materie prime e i prodotti da non proteggere, dazio del 25% per i prodotti semilavorati e per quelli richiedenti un livello "medio" di protezione, dazio del 40% per i prodotti finiti, per i beni voluttuari e i prodotti che richiedono una "forte" protezione – se osservate attentamente in realtà non sembrano rispondere ad alcuna una logica né libero scambista né protezionistica. Sembrano bensì contraddittorie e in alcuni casi non giustificano l'importante differenza fra le tariffe imposte per lo stesso prodotto presentato in stadi differenti di lavorazione, condizionamento e peso.
> Concretamente si tratta allora di fissare le tariffe doganali tenendo conto della necessità di proteggere da un lato alcuni settori importanti per il futuro della produzione agricola nazionale – e questi devono essere evidentemente stabiliti seguendo una serie di criteri fra i quali si dovrebbe senz'altro inserire quello di favorire le colture ad alta intensità di manodopera – e dall'altro di negoziare con i paesi fornitori dell'Albania, con un principio di reciprocità, delle tariffe preferenziali per i prodotti agricoli albanesi. [XIV: 7]

Riassumendo, invece di ostinarsi a (ri)chiedere *tout court* il mantenimento di un regime commerciale liberale, e senza in realtà necessariamente "deviare" dalla liberalità del regime di scambi, si trattava di porsi nell'ottica di una protezione adeguata e ben definita.

> E cioè: i) da fissare in un orizzonte temporale di breve-medio (e quindi regressiva), ii) da non generalizzare ma delimitare nell'ambito di alcuni sotto-settori sensibili in funzione di precisi criteri e metodologie, e comunque iii) da definire e soprattutto negoziare in accordo con le regole definite dall'Organizzazione per il commercio mondiale.
> Esercizio, il negoziato in ambito GATT/WTO, certamente non facile cui peraltro il paese non è, ne potrebbe esserlo, preparato. Ma, trattandosi di una possibilità concreta, è una strada che vale la pena percorrere. [XIV: 7]

In fondo signor Ministro, a grandi linee, questa era la strada segnata anche dalla Sua (coraggiosa) "Strategia verde", presentata nell'aprile 1998. Il disegno di politica agraria sostenuto, tuttavia, non era certamente "ortodosso". Tanto che mi risulta che sia Lei che i Suoi colleghi di Governo abbiate ricevuto numerose pressioni per modificare l'approccio e il contenuto di quel documento così faticosamente preparato. Peraltro nessuno di quei critici ha notato, o voluto notare, come la "strategia" sia stata concepita e portata avanti coinvolgendo e organizzando il lavoro di un gran numero di esperti albanesi (finalmente anche loro coinvolti direttamente nella formulazione di un qualcosa che riguarda il loro stesso paese).

Forse per la prima volta, nella pur breve esperienza delle riforme agrarie nei paesi Est-europei, si è arrivati ad una sorta di "internalizzazione" dei problemi dello sviluppo agricolo e alimentare, invertendo la tradizionale tendenza di imporre dall'alto e dall'esterno misure di politica agraria che spesso si sono rivelate, alla prova dei fatti, del tutto inapplicabili. Cosa che, purtroppo, è successa spesso e fin dagli inizi del processo di transizione delle agricolture post-collettiviste.

> Si è messo in evidenza come le varie soluzioni adottate per risolvere i vari problemi dell'agricoltura abbiano una matrice comune: l'origine esogena alla realtà locale dei modelli adottati e la loro imposizione dall'alto. [VI: 165]
> Non sorprende quindi che dopo una veloce partenza il processo di de-collettivizzazione agricola ..., pur se in tempi e modi diversi a seconda del paese, abbia subito un certo rallentamento [VI: 322]

Evidentemente l'"esercizio" albanese non è piaciuto. Anzi, le continue (e poco costruttive) critiche da parte della Banca mondiale e del Fondo monetario internazionale hanno minato, fin dall'inizio, qualsiasi possibilità di mettere in pratica la "Strategia verde". I loro consigli d'altra parte sono sempre gli stessi: evitare qualsiasi protezione tariffaria e non tariffaria; lasciare che l'agricoltura, come gli altri settori economici, sia guidata dal mercato e che le aziende agricole si sviluppino e diventino competitive, eccetera eccetera.

Le "ricette" sono talmente note che non vale neppure la pena ripeterle. Ma in Albania, per esempio, fa sorridere sostenere la competitività delle aziende agricole (rispetto a chi? Alle aziende dell'Unione europea? Converrà con me signor Ministro che in Albania già parlare di "azienda agricola" è per il momento del tutto improprio).

Ho l'impressione che se seguirete quei consigli, e purtroppo – vedrà signor Ministro – sarete costretti a farlo, le prospettive di sviluppo economico-agricolo per l'Albania si allontaneranno definitivamente. Il vero problema è che si impongono *urbi et orbi* visioni dogmatiche e prive di conoscenza della realtà. Lo dico con grande rammarico, anche perché la mia formazione scientifica e culturale è (e rimane) profondamente legata al liberismo. Però la cultura liberale, anche in economia, è per sua stessa definizione, lontana da qualsiasi estremismo. Le posizioni sostenute in particolare dalle organizzazioni internazionali di finanziamento rappresentano invece un specie di ultraliberismo dogmatico che poco ha a che vedere con la dottrina dei padri fondatori.

D'altra parte, signor Ministro, sembra proprio che l'Albania si trovi già in buona e anche numerosa compagnia.

All'indomani della caduta del muro di Berlino gli interessi della cosiddetta comunità internazionale si sono spostati, neppure tanto gradualmente, dalle aree dove erano tradizionalmente concentrati fin dal dopoguerra. L'ago della bussola degli aiuti allo sviluppo - magnetizzato e tarato da Nord-Ovest - ha cambiato direzione, deviando da Sud a Est. Alla cooperazione internazionale, nelle sue varie forme governativa e non governativa, bilaterale e multilaterale, si è aperta una nuova zona di intervento rimasta per lungo tempo isolata. I paesi in transizione dall'economia pianificata all'economia di mercato - per usare una terminologia efficace ma non precisa poiché "piano" e "mercato" rappresentano sistemi economici teorici - sono diventati i nuovi paesi in via di sviluppo la cui modernizzazione si dovrà raggiungere attraverso progetti, programmi, aiuti, assistenza tecnica-economica-finanziaria, investimenti diretti. Tutto è avvenuto, e sta avvenendo, senza che quindi si sia manifestata la necessità di modificare in alcun modo le consolidate metodologie di intervento internazionale. Così come è stato, ed è, per le riforme economiche adottate dai primi governi democratici nei paesi in

> transizione, appunto ispirate – anche se sarebbe meglio dire imposte vista l'asimmetria che caratterizza i rapporti ... – dalla stessa comunità internazionale, in particolare (ma non solo) attraverso il Fondo monetario internazionale e la Banca mondiale. [XVI: 19]

Naturalmente non è stata soltanto l'Albania a beneficiare di questi aiuti, anche se risulta che in termini pro capite gli interventi da parte della comunità internazionale in questo paese abbiano raggiunto i livelli maggiori.

Nei paesi del post-socialismo reale l'impegno delle istituzioni internazionali di finanziamento è stato, fin dall'inizio, molto importante, ed è tuttora in forte crescita.

> Ad esempio la regione "Europa e Asia Centrale", un aggregato di 27 paesi piuttosto eterogeneo e che comprende la maggior parte delle economie in transizione, ha raggiunto recentemente il secondo posto nei programmi operativi della Banca mondiale. Prima del 1989 la Banca mondiale è stata impegnata soltanto in Ungheria e una sola volta in Romania ... Da allora ... i prestiti annuali nella regione hanno raggiunto un valore pari a 5 miliardi di USD per un totale di 65 operazioni. Il portafoglio include ora 247 progetti per un valore aggregato equivalente a 19,4 miliardi di USD, mentre l'assistenza economica e gli altri servizi contano per 20 milioni di USD, con degli interventi che coprono praticamente tutti i settori del sistema economico. L'impatto di un impegno di così ampia portata, cui

> naturalmente va sommato il "giro di affari" legato agli investimenti e all'assistenza degli altri organismi internazionali che aderiscono al Sistema delle Nazioni Unite oltre naturalmente alle organizzazioni non governative e agli organismi di cooperazione bilaterale, meriterebbe senz'altro un'analisi molto più approfondita e dettagliata. [XVI: 19]

Tuttavia, pur riconoscendo da un lato l'importanza fondamentale dell'integrazione internazionale e degli effetti positivi dell'assistenza nelle sue varie forme dall'altro, ciò che si può notare in generale sull'approccio scelto per le misure, gli interventi e le attività da adottare nei paesi in transizione è che le istituzioni economiche internazionali sembrano essersi fidate della loro pluridecennale esperienza nei paesi in via di sviluppo.

Ma questo "approccio", per la verità, si era notato fin dagli inizi del processo di transizione.

> Nel passaggio ad un nuovo modello, l'economia di mercato, i paesi a pianificazione centrale hanno perduto ciò che faceva la loro specificità sistemica: sono ora dei nuovi "paesi in via di sviluppo" (secondo la classificazione del Fondo Monetario Internazionale), in rottura con un regime ideologico e politico, in via di inserimento in quello che è chiamato "mercato mondiale". In questo senso si può dire che la transizione appartiene già alla storia della nostra società ed economia; anche se, naturalmente, gli avvenimenti del passato, l'eredità sto-

rica del socialismo reale, influenzerà quest'evoluzione. Ma proprio quest'ultima considerazione, pur nella sua ovvietà, nasconde un fatto importante. Nell'affrontare le problematiche legate a questo passaggio, e in particolare nella ricerca delle soluzioni più idonee, la tendenza attuale sembra dimenticare il patrimonio di conoscenze accumulato dagli studiosi dei sistemi economici pianificati. Il ragionamento sembra logico: per inserirsi nel sistema occidentale, cioè fra le nazioni sviluppate, questi paesi devono affidarsi agli esperti di economia di mercato. Di ciò va preso atto, anche se in questo "approccio" si avverte un forte rischio. Molti economisti occidentali - specialmente quelli provenienti dai paesi industrializzati e che operano nelle istituzioni internazionali - una volta chiamati a consigliare i governi dei paesi in transizione, manifestano infatti la tendenza ad assimilare le economie (ex)socialiste ad altre dei paesi in via di sviluppo: Secondo Mondo uguale Terzo Mondo. Oppure, istintivamente, sono portati a credere che il trapianto del modello occidentale possa aver successo: Secondo Mondo uguale Primo Mondo. Valutazioni, queste, che tuttavia trascurano due fatti importanti. Il primo è che nessun paese ha un modello perfetto: la maggior parte delle democrazie capitaliste ha fatto degli errori in materia di politica economica ed agraria: i paesi "sviluppati" non sembrano cioè avere modelli meritevoli di essere clonati altrove. Il secondo è che le politiche e le istituzioni hanno subito un'evoluzione e si sono adattate ad un preciso ambiente eco-

> nomico e agricolo: se trapiantate accade talvolta che vengano rigettate dall'"organismo" che le accoglie, semplicemente perché incompatibili con il substrato costituito dalla "società civile". [VI: 321-322]

In altre parole, signor Ministro, è come se gli "strateghi" e i "registi" delle organizzazioni internazionali – dico in generale anche se mi riferisco in particolare a quelle di finanziamento, cioè quelle che contano realmente, ma naturalmente lo stesso discorso vale per gli Stati – avessero impostato una sorta di equazione geopolitica: Est = Sud ovvero Secondo mondo = Terzo mondo.

> Tanto che la terzomondizzazione dei paesi in transizione sembra essere diventata qualcosa di più di un gioco di parole. Ad esempio si può notare come le riforme economiche adottate dai governi dei paesi in transizione sulla base delle richieste e delle condizionalità poste dal Fondo monetario internazionale e dalla Banca mondiale hanno perseguito gli stessi obiettivi, peraltro utilizzando gli stessi strumenti, dei programmi di stabilizzazione e di aggiustamento strutturale - le politiche di stabilizzazione sono state per parecchio tempo associate al Fondo monetario internazionale mentre gli aggiustamenti strutturali alla Banca mondiale … – imposti dalle stesse istituzioni ai paesi debitori dell'America Latina e dell'Africa subsahariana.
> Come in quelle aree l'adattamento strutturale non sempre ha portato ai risultati sperati. Ad esempio anche nei

> paesi in transizione la stabilizzazione dell'economia è stata perseguita attraverso la dollarizzazione - ovvero l'allineamento dei prezzi delle merci destinate al mercato interno al livello dei prezzi internazionali - con una forte compressione dei consumi destinata a ridurre l'eccessiva liquidità monetaria; come negli altri paesi soggetti ai piani di ristrutturazione un risultato visibile è stata una crescente inflazione con un forte aumento dei prezzi. Le ricette economiche applicate dalle istituzioni finanziarie sovranazionali si stanno quindi traducendo in una nuova forma di dominazione economica e politica i cui effetti sulle fragili economie dei paesi dell'Est - così com'è avvenuto nei paesi del Sud del mondo - incominciano ad essere abbastanza evidenti. [XVI: 20]

Tutto ciò, signor Ministro, è stato variamente e ripetutamente notato da vari osservatori e non sorprende quindi che da più parti si sia chiesta una sostanziale riforma delle istituzioni internazionali competenti e maggiormente coinvolte in questo processo.

> Richieste acuitesi soprattutto dopo che la funzione di "sorveglianza" del Fondo monetario internazionale è stata messa in dubbio dalla crisi del Messico; e seppure più in "piccolo", anche la questione delle piramidi finanziarie in Albania ha lasciato qualche perplessità circa il ruolo svolto dal Fondo monetario internazionale e dalle altre istituzioni sovranazionali nel paese balcanico. [XVI: 20]

Le recenti crisi dei paesi asiatici emergenti e da ultimo quelle della Russia e del Brasile hanno aggiunto, se era necessario, le schiere dei critici dell'operato soprattutto del Fondo monetario internazionale ma anche della Banca mondiale. Finora tuttavia, a parte delle critiche molto generiche (cui si sono date delle risposte altrettanto generiche), non si potuto (o voluto) fare molto.

> In realtà, nonostante abbiano subito una certa evoluzione che di fatto ne ha modificato in una certa misura il ruolo e le modalità di intervento, i primi cinquant'anni di vita delle due più importanti istituzioni internazionali di finanziamento non hanno fatto registrare "cadute di mura". Ad esempio l'autocritica della Banca mondiale sulle politiche caldeggiate agli inizi degli anni 80 (epoca Reagan) sembra essere legato più alla nuova presidenza americana (Clinton) che ad azioni concrete. Tutt'al più è stato cambiato qualche mattone. Così se è vero che per risolvere le problematiche ambientali in chiave di sostenibilità sono state create due nuove direzioni (una per l'ambiente e l'altra per lo sviluppo sostenibile), bisogna anche riconoscere che queste, a parte una serie di costose conferenze e pubblicazioni patinate, non sembrano finora aver dato apporti decisivi e approcci innovativi [I: 61].

Per la verità signor Ministro tutto sembra ormai abbastanza chiaro: nelle ricette di politica economica e monetaria che queste istituzioni propinano da anni ai paesi in via di sviluppo, e ora anche a quelli in transizione, per avviarli appunto allo sviluppo e soprattutto per "salvarli" dal loro debito c'è qualcosa di sbagliato. Perché in realtà si traducono soltanto in un pericoloso circolo vizioso per i paesi in questione.

> I nuovi prestiti servono per pagare i vecchi debiti o meglio il servizio degli stessi e ad aprire le loro economie. Così il vero compito delle istituzioni internazionali di finanziamento è di far viaggiare denaro dalle banche commerciali, di investire, di spendere, di recuperare crediti; i finanziamenti per i progetti, ufficialmente adottati e non imposti a chi si vuole e con le garanzie dovute, procurano con un lento strangolamento la dipendenza da quelle stesse istituzioni e generano modi di sviluppo esogeni.
>
> Per modificare questo approccio finanziario non bastano però le deboli (anche se valide) critiche degli economisti keynesiani o quelle delle associazioni ecologiste rivolte a privilegiare gli aspetti umani e ambientali degli interventi. E difatti, immediatamente, la Banca mondiale risponde ponendo – soprattutto nei suoi report – grande attenzione allo sviluppo "umano" e "sostenibile". Così cambia la forma, ma i contenuti rimangono identici.[I: 65]

Comunque, signor Ministro, prima di giungere ad una riformulazione o più semplicemente a regolazione del sistema finanziario internazionale – che andrebbe appunto regolato meglio, in particolare per quanto riguarda i cambi e i movimenti dei capitali – sarebbe opportuno mettere in discussione lo stesso sistema degli aiuti internazionali. Già così probabilmente si farebbe un grosso passo avanti.

> Proprio due economisti della Banca mondiale hanno messo in dubbio l'impatto degli investimenti in aiuti dimostrando, quantitativamente, che questi non hanno prodotto alcun effetto netto sui risultati economici dei paesi in via di sviluppo. Osservando 56 paesi nel periodo 1970-1993 e mettendo in relazione aiuti internazionali, politiche economiche (fiscale, monetaria e commerciale) e crescita del prodotto interno lordo pro-capite, ... dimostrano che l'aiuto ha seguito soltanto gli interessi propri dei paesi donatori.
> Il che peraltro conferma direttamente quanto si sospettava ... all'inizio degli anni 60 sui fallimenti dei visiting economists nei paesi in via di sviluppo e dalle denunce di G. Hancock nel libro pubblicato all'inizio degli anni 80, The Lords of Poverty, dove veniva minuziosamente denunciato il "grande affare" multimiliardario degli aiuti al paesi del Terzo mondo. [XVI: 21]

In altre parole la cooperazione internazionale allo sviluppo – mi riferisco soprattutto a quella cosiddetta governativa – si è via via trasformata in una sorta di superorganismo che sostiene lo sviluppo di se stesso innescando, ogni volta che viene attivato, un processo di autoalimentazione. Un meccanismo perfetto.

> Si è passati cioè dal concetto di cooperazione allo sviluppo a quello di sviluppo della cooperazione stessa. E non si tratta, anche in questo caso, di un gioco di parole. I paesi donatori traggono i maggiori vantaggi dal loro stesso operato in favore dei paesi che si propongono di aiutare nel cosiddetto processo di sviluppo. La maggior parte delle economie in transizione non sembra essersi sottratta a questa regola.
> D'altra parte ... nella fase di formulazione dei programmi paese non si riscontrano spesso alternative di intervento, ma nella maggior parte dei casi solo valutazioni diverse di quanto sia necessario fare all'inizio, cosa che appunto risulta dall'asimmetria di posizioni di forza tra il paese che "chiede" e l'istituzione che "concede", e tale asimmetria, specialmente per i paesi piccoli o per quelli senza accesso a fonti di finanziamento alternativo, esiste. E non è mai superabile. Tuttavia il problema non sembra tanto l'imposizione di per sé, quanto il cosa si impone: le ricette economiche e gli approcci progettuali non sono applicabili ovunque sic et simpliciter perché le realtà di partenza sono sempre molto diverse. [XVI: 21]

Per farla breve signor Ministro la sostanza non è cambiata, così come non sono cambiati i metodi o le ricette applicate comunque e ovunque. Ma questa "filosofia" comporta (e comporterà in futuro) molti problemi sia per i paesi in transizione che per quelli in via di sviluppo e sviluppati.

> Con il rischio, in definitiva, che l'uso di tutti i derivativi visti sopra – modernizzazione, terzomondizzazione, dollarizzazione, transizione, cooperazione, ... – facendo ripetere i molti errori commessi proprio nei paesi in via di sviluppo, portino velocemente a un secondo terzo mondo; o, che è lo stesso, a due terzi mondi (a meno che non sia proprio questo l'obiettivo da raggiungere). [XVI: 21-22]

Sì perché in realtà è proprio questo il sospetto: che ci sia in atto una pericolosa omogeneizzazione a livello globale del pensiero e delle azioni economiche e sociali: si parte dal monopensiero e si arriva al monomodello, tutto il resto è fuori.

Signor Ministro,

in conclusione queste sono, a grandi linee e molto riassunte, le mie riflessioni su sette anni di sviluppo agricolo albanese. Come vede sono uscito dal "laboratorio albanese" e mi sono reso conto di alcune "cose". Intanto che l'economia agraria (e quindi l'economista agrario) e la pratica della politica agraria sono due mondi molto distanti, e credo che ciò valga anche per l'economia politica e la pratica della politica economica: questa storia di un'esperienza di campo porta appunto a interrogarsi sul ruolo stesso dei "consiglieri". Poi ho notato che lo sviluppo è visto prevalentemente da due prospettive, dall'alto verso il basso e da Ovest verso Est (= Sud). Infine ho visto che la cooperazione serve soprattutto a sé stessa, che la terzomondizzazione dei paesi in transizione è ormai una realtà e che la globalizzazione accanto a molte cose positive probabilmente porterà a una rivolta degli esclusi e dei marginali.

Per risolvere i problemi dell'agricoltura albanese, quindi, Lei dovrà agire come è ovvio all'interno del Paese, ma anche sperare che all'esterno qualcosa cambi. E non sarà facile da nessuna delle due parti.

***

Se è arrivato sin qui, signor Ministro, si sarà certamente domandato il perché di questa mia (lunga e generale) riflessione, presentata oltretutto in una forma così insolita. Ebbene non si tratta – come scrivevo all'inizio – di una "crisi matrimoniale", oppure di una mia personale guerra contro i tecnocrati delle organizzazioni internazionali, i processi di sviluppo, i meccanismi di cooperazione o la globalizzazione, e neppure di una sceneggiatura di un improbabile film dal titolo "Sette anni in Albania".

Niente di tutto ciò, signor Ministro. Le ho scritto solo per testimoniare il mio affetto per l'Albania e con la speranza che questo Paese un giorno possa crescere così come può e vuole, possibilmente senza troppi condizionamenti e senza strappi o salti. Cioè rispettando tempi e modi che gli sono propri, e correlando le modificazioni – che sempre e ovunque creano problemi e difficoltà – allo sviluppo economico e sociale del sistema, e soprattutto, vorrei sperare libero.

Mi creda, Signor Ministro, molto cordialmente

Suo

Andrea Segrè

Bologna, gennaio 1999

P.S. - Quanto scritto e sostenuto in queste pagine va imputato esclusivamente a me stesso e non coinvolge direttamente o indirettamente nessuna delle istituzioni (nazionali o internazionali) oppure le persone cui sono (o sono stato) legato. Ringrazio comunque tutti i colleghi che hanno letto e commentato questa “lettera”, e l’editore che ha voluto pubblicarla.

Riferimenti bibliografici

I brani riportati nel testo in corpo minore, privati delle note e dei riferimenti bibliografici, sono tratti da:

[I] A. Segrè, *Itinerario transitorio in quattro movimenti. Rapporti di viaggio nei paesi del post-socialismo reale*, Bologna, 1989-1999, 100 pp. (dattiloscritto)

[II] A. Segrè, *Aspetti normativi e strutturali del processo di de-collettivizzazione in Albania*, "Est-Ovest", XXIII, 5, Trieste, 1992, pp. 149-175.

[III] A. Segrè, G. Gnudi, *Restructuring and Privatization of the Agricultural Sector in the Balkans and Danubian Countries*, "Est-Ovest", XIII, 5, Trieste, 1993, pp. 57-77.

[IV] A. Segrè, *Agrarian Reform in Transitional Economies. Northern, Central and Southern East European Cases*, Federico Caffé Center for Sydeuropæiske Studier, Roskilde Universitetscenter, Roskilde, Denmark, 1994, 95 pp.

[V] A. Segrè, *Albania: l'agricoltura dal piano al mercato*, "Cooperazione", XIX, 134, Roma, marzo 1994, pp. 24-27.

[VI] A. Segrè, *La rivoluzione bianca. Processi di de-collettivizzazione agricola in Russia, Paesi Baltici, Cina, Albania*, il Mulino, Bologna, 1994, 326 pp.

[VII] A. Segrè, *Lo sviluppo agricolo in Abania. Alcune considerazioni in margine agli interventi di cooperazione italiana e internazionale*, "Est-Ovest", XXV, 5, Trieste, 1994, pp. 43-73.

[VIII] A. Segrè, G. Jaehne, *The Albanian Agro-Food Sector in Economic Transition*, OECD, Paris, 1993 (2ª ed. 1995), 161 pp.

[IX] A. Segrè, *Agricoltura e società in economie dinamiche. Saggio sugli stimoli e adattamenti da espansione e da recessione*, Franco Angeli, Milano, 1995, 126 pp.

[X] A. Segrè, *Potenzialità e fattori limitanti dello sviluppo agroalimentare in Albania*, in G. Antonelli, G. Candela, A. Segrè, *Albania una regione oltre il Mediterraneo*, "Quaderni dell'Istituto sulla Dinamica dei Sistemi Economici", 4, Milano, 1996, pp. 38-66.

[XI] A. Segrè, *La coopération italienne en Albanie en matière agro-alimentaire*, in *L'Albanie, une agriculture en transition*, "Option Mediterranéen", 15, CIHEAM, Paris, 1997, pp. 255-63.

[XII] A. Segrè, *Introduzione: lo sviluppo agricolo oltre Adriatico*, "Est-Ovest", XXVIII, 2, Trieste, 1997, pp. 7-13.

[XIII] A. Segrè, *Albania 1997: riflessioni sulle ragioni della crisi e sul ruolo delle istituzioni internazionali di finanziamento*, "Est-Ovest", XXVII, 6, Trieste, 1997, pp. 29-48.

[XIV] A. Segrè, Z. Teqja, I. Beka, *Il 1997 per l'agricoltura albanese e le prospettive per il futuro: dalla crisi nuovi spunti per lo sviluppo e la politica agro-alimentare*, in *L'albania, un'agricoltura in transizione*, "Option Méditerranéennes", 15, CIHEAM, Paris, 1998, pp. 3-8.

[XV] A. Segrè, M. Canali, A. Hetoja, I. Peqini, *Lessons from a diagnostic analysis of Albania's Divjaka Region*, "Land Reform", FAO, 1, Roma, 1998, pp. 136-150.

[XVI] A. Segrè, *Le politiche di cooperazione e aiuto allo sviluppo per le economie in transizione: il ruolo delle istituzioni sovranazionali di finanziamento*, in *Guida ai Paesi dell'Europa Centrale, Orientale, e Balcanica. Annuario politico-economico, 1998*, a cura di S. Bianchini e M. Dassù, Guerini e Associati, Milano, 1998, pp. 19-22.

BESA

Lune nuove

1 Kadare, Agolli e altri, *Dal Paese delle aquile***
2 Daniele Giancane (a cura di) *Fiabe bosniache*
3 Pira Sudham, *Racconti thailandesi*
4 Ramón Gómez de la Serna, *La vergine dipinta di rosso*
5 Ivan Bunin, *Tre rubli*
6 Ismail Kadare, *La commissione delle feste*
7 Víctor Ramírez, *Sabbia bionda e altri racconti dalle Canarie*
8 Vittorio Bodini, *Poesie*
9 Danilo Manera (a cura di) *La baia delle gocce notturne*
10 Enzo Verrengia, *La notte degli stramurti viventi*
11 Danilo Manera (a cura di) *Rumba senza palme né carezze*
12 Daniele Giancane (a cura di) *Fiabe greche*
13 Roberto Fuiano, *Il re degli elfi*
14 Vittorio Bodini, *Tutte le poesie*
15 Pira Sudham, *La terra dei monsoni*
16 Álvaro Cunqueiro, *L'arte di camminare*
17 Paolo Volponi, *Cantonate di Urbino*
18 Dora Alonso, *Ponolani*
19 Vittorio Bodini, *Il sei-dita e altri racconti*
20 Elvira Dones, *Senza bagagli*
21 AA.VV., *Uomini e vizi... Racconti dalla rete*
22 Franco Antonicelli, *Finibusterre*
23 Robert W. Howington, *Joey automatic e altri killer*
24 Fatos Kongoli, *Kufoma - L'ombra dell'altro*
25 G. N. Medvedev, *Fiabe russe*
26 Vergílio Ferreira, *Addio ed altri racconti*
27 Edoardo Angelino, *Binario morto*
28 Yoss, *I sette peccati nazionali**

29 Eraclio Zepeda, *Benzulul e altri racconti dal Chiapas*
30 Daniele Giancane (a cura di) *Fiabe della Praga magica**
31 Pedro Zarraluki, *Ritratto di famiglia con catastrofe*
32 Cesare Baldoni, *Il viaggio dell'io*
33 AA.VV., *Storie dal Golfo del Siam*
34 Pepetela, *La parabola della vecchia tartaruga**
35 Alejo Carpentier, *Cuentos**
36 Oscar Wilde, *Aforismi*
37 Voltaire, *Candido*
38 J. August Strindberg, *Signorina Julie*
39 Charles Baudelaire, *Consigli ai giovani scrittori*
40 Giuseppe Di Costanzo, *Il progetto*
41 Molière, *Il misantropo*
42 Bárbara Jacobs, *Le foglie morte*
43 AA.VV., *Antologia dei poeti maledetti*

Books Brothers

1 Giuseppe Annese, *Macerazioni divertenti*
2 Gino Nardella, *Agenti atmosferici*
3 AA.VV., *Sporco al sole*

Verbamundi

1 Piero Castoro, *Albert Camus. Il pensiero meridiano*
2 Patrizia Resta (a cura di) *Il Kanun*
3 Giuseppe Davanzati, *Dissertazione sopra i vampiri*
4 Corrado Veneziano, *Il barone e il clandestino*
5 Patrizia Resta, *Un popolo in cammino*
6 Rémi Hess, *Tango*
7 Aurel Plasari, *La Linea di Teodosio*
8 Giuseppe Micunco, *Albania nella storia*
9 Amik Kasoruho, *Un incubo di mezzo secolo*
10 Enrique Rio Prado, *La musica italiana a Cuba*
11 Natalia Bolivar Aróstegui - Mario López Lepero, *La Santería. Sincretismo religioso?*
12 Eqrem Çabej, *Gli albanesi tra Oriente e Occidente*
13 Giuliana Muci (a cura di), *La Santería cubana. Aspetti storici e manuale pratico*
14 Ingemborg Nordmann, *Hannah Arendt*
15 Corrado Veneziano, *Manuale di dizione, voce e respirazione*
16 Gibì Anselmo, *Manuale dell'animatore*
17 Francesco Bellino, *Bioetica e qualità della vita*
18 Hugues Bazin, *La cultura hip-hop*
19 Roberto Morozzo della Rocca, *Stato e religione in Albania*

Varia

Caterina Gerardi, *Le figlie di Teùta*
Caterina Gerardi, *Luli. Fiori d'Albania*
F. Leka-Z. Simoni, *Dizionario Albanese-Italiano*
F. Leka-Z. Simoni, *Dizionario Italiano-Albanese*
F. Leka-Z. Simoni, *Dizionario Italiano-Albanese/Albanese-Italiano*

(** *esaurito*)
(* *in corso di pubblicazione*)

Finito di stampare
nel mese di marzo 1999
presso le GRAFICHE PANICO
GALATINA (LE)